*Neue Orientalische
Bibliothek*

Die Arbeit des Übersetzers am vorliegenden Text wurde durch
den Deutschen Literaturfonds e.V. gefördert.

Die Übersetzungen wurden mit Mitteln des Auswärtigen Amtes
unterstützt durch die Gesellschaft zur Förderung der Literatur
aus Afrika, Asien und Lateinamerika e.V.

Die Deutsche Bibliothek – CIP-Einheitsaufnahme
Die Farbe der Ferne : moderne arabische Dichtung / hrsg. und übers.
von Stefan Weidner. – München : Beck, 2000
(Neue orientalische Bibliothek)
ISBN 3-406-45860-2

ISBN 3 406 45860 2

© Verlag C.H. Beck oHG, München 2000
Gesamtherstellung: Kösel, Kempten
Signet: Karl Schlamminger, München
Gedruckt auf säurefreiem, alterungsbeständigem Papier
(hergestellt aus chlorfrei gebleichtem Zellstoff)
Printed in Germany

www.beck.de

Die Farbe der Ferne

Moderne arabische Dichtung

Herausgegeben und übersetzt
von Stefan Weidner

VERLAG C. H. BECK

Wir blasen auf der Flöte die Farbe der fernen Ferne,
 malen auf den Staub des Weges ein Wiehern
Und schreiben unsere Namen Stein für Stein – Blitz,
 erhelle die Nacht für uns, erhell sie ein wenig.
Wir lieben das Leben, wo wir nur können.

                                        Mahmûd Darwîsh

Inhalt

Für eilige Leser:
Arabische Poesie heute in 33 Kurzgedichten *13*

Fadwâ Tûqân
Wieder auf's Meer *21*; In einer betagten Stadt *23*

Khalîl Hâwî   Der Gefangene *26*; Die Heiligen Drei Könige in Europa *28*; Heimaterde *30*; Du *30*

Mohammed Dib
lob *31*; wilde illusion *31*; die lektion der flamme *32*; chiffre des sichtbaren *32*; rudel *32*; gegebene entfernung *33*; bewiesen *33*; das haus von natyk *33*; fest *34*; körper des wissens *35*; stellen des verlangens *35*; am selben ort *36*

Taufiq Sâyigh
Rede des Dämons in der Flasche *37*; Laß mir... *38*; Die Abrechnung *41*

Nizâr Qabbâni
Granada *44*; Dein Leib ist meine Landkarte *45*; Wann verkünden sie den Tod der Araber? *47*

Nâzik al-Malâ'ika
Ich *52*; Zu sühnen die Schande *53*; Liebeslied an die Wörter *54*

Badr Shâkir as-Sayyâb
Der Fluß und der Tod *58*; Das Lied vom Regen *60*; Hochzeit auf dem Dorf *63*

Abd al-Wahhâb al-Bayyâtî
Zwei Gedichte für meinen Sohn Ali *66*; Das Buch der Armut und der Revolution *67*; Die Autobiographie eines Feuerdiebs *69*

Salah Stétié
Die andere verbrannte Seite des sehr Reinen *74*

Adonis
Ein einziges Mal *81*; Der neue Noah *81*; Heimat *83*; Der Ursprung des Sprechens *83*; Qais *84*; Baudelaire *85*; Der Ursprung der Liebe *85*; Der Ursprung des Geschlechts *85*; Der Ursprung der Begegnung *86*; Körper *87*; Schnee *88*

Fuad Rifka
Gemälde *90*; Das Zeichen *90*; Sprache *90*; Strahlen *91*; Dichterischer Moment *91*; Schöpfung *91*; Ein Fischer *92*; Eine Bucht *92*; Quelle *92*; Odysseus Frau *93*; Segel *93*; Hymne *94*; Der Rosenkranz *94*; Tagebuch *94*; Tagebuch *95*

Salâh Abd as-Sabûr
Kreuz und Schatten *96*; Der Heilige *99*

Muhammad al-Mâghût
Worte in Flammen *102*; Von der Türschwelle zum Himmel *104*; Traum *105*; Die Furcht des Postboten *106*

Sa'dî Yûsuf
Ein Stein *108*; Das neue Bagdad *108*; Ein Aprilstorch *110*; Stromausfall *110*; Aufbruch '82 *110*; Kletterpflanze *111*; Der Tisch *112*; Die Kneipe der Lastwagenfahrer *112*; An der Grenze des Rub al-Khali *113*

Nadia Tuéni
Du hast mir den Namen einer Todsünde gegeben *114*; Ich werde deine Augen an einem Herbstmorgen verkünden *114*; Heute abend *114*; Diese Wahrheiten haben gewaltige Farben *115*; O Land der Landschaften *115*; Das Feuer, Vorläufer der Nacht *116*; In der Stunde, wenn… *116*; Wenn man alleine ist *117*; Ich rede von einer Jahreszeit *118*

Saniah Sâlih
Eine Frau aus Kreide *120*; Ein verheerender Liebhaber *121*; Sie nagen an mir, als herrschte Hungersnot *122*; Millionen Frauen sind deine Mutter *123*

Shauqî Abî Shaqrâ
Die Republik der Pferde *128*; Das Kaffeehaus *128*; Das Gedicht *128*; Das Chamäleon *129*; Gott *129*; Wenn die Dämmerung zunimmt *130*; Wir tun einen falschen Schachtelzug *130*

Unsî al-Hâdj
Die Wolke der Sonne *132*; Ich bin schön *132*; Gegenwart *134*; Wir haben die Welt geändert *135*

Vénus Khoury-Ghata
Man lehrte uns den Stimmen zu mißtrauen *136*; Wir haben unsere Verzweiflung dem Wacholder und dem Stechdorn erklärt *137*; Wir kannten ein Alphabet der Felder *137*; Den Heiligenbildern

luchsten wir Küsse ab *138*; Die Wolken spielten bei dieser Geschichte keine Rolle *139*; Der Kreislauf des Kummers endet unter der Sohle des Erzengels *139*

Amal Dunqul
Gebet *140*; Und sie begann zu weinen *141*; Das Bett *142*; Privatgespräch mit Noahs Sohn *143*

Mahmûd Darwîsh
Nicht mehr und nicht weniger *146*; Am letzten Abend auf dieser Erde *148*; Beim großen Aufbruch liebe ich dich mehr... *149*; Wir reisen wie alle *150*; Wir lieben das Leben *151*; Ein Platz im Zug *152*; Der Spielmann mit der Gitarre *153*

Abdellatif Laâbi
Die Träume kommen, um auf der Seite zu sterben *155*; Der Gedichtbaum *155*; Die Weiden der Stille *157*; Häresie *161*

Sargon Boulus
Die Schattenfrau *162*; Vorfall in einem Bergdorf *164*; Der Messerschleifer *164*; Morgen um drei *167*; Auf unbegrenzte Zeit *168*

Abbâs Baidûn
Die Mörder *170*; Was sollen wir tun mit dieser Abwesenheit? *170*; Ein Bild *171*; Kartoffeln und Träume *171*; Vierzig *171*; Eine Wolke *171*; All jene *172*; Der Faden im Buch *172*; Zimmer *172*

Mohammed Bennis
zweifel *176*; unreinheit *176*; dort *177*; ein anderes blau *177*; leichtsinn *177*; blindheit *178*; wunsch *179*; angriff *180*; wörter *180*; ohrringe *181*

Qâsim Haddâd
Der Kapitän *182*; Das Wasser der Bedeutung *182*; Der Stein *183*; Die Dichter *185*

Wadî Sa'âdah
Nässe *187*; Das Leben dort *187*; Der Spaziergang an jenem Tag *187*; Mysteriöse Blume *188*; Ein Wunsch *188*; Versuch, einen geschmolzenen Menschen zurückzuholen *188*

Muhammad al-Ghuzzî
Der Tod *193*; Adam *193*; Die Beute *194*; Der Winter *194*; Die Sprache *195*; Sieh dich um *196*

Walîd Khâzandâr
Wenn wenigstens *197*; Zugehörigkeit *197*; Verwirrt wirst du

Wein bringen *198*; Verben im Präsens *198*; Das Lineal der Gebote *199*; Die halbe Nacht *200*; Jetzt, hier vor uns *201*; Fernes Licht *202*

Tahar Bekri
Die Durchquerung des Schweigens *203*

Mundhir Masrî
28.10.1973 *209*; Bruchstück *209*; Das Echo, das sich irrte *210*; Leichter Regen *211*; Wäre mir auferlegt, einen Gott anzubeten *212*

Abdallah Zrika
Blaue Weißen *215*; Das Rot der Sonnenhosen *218*

Amdjad Nâsir
Der Wagen und das Pferd *221*; Exil *223*; Alleine *225*

Saif ar-Rahbî
Die Lampe *227*; Schritte *227*; Kindheit *227*; Die Sehnsucht nach den Höhen *228*; Der Morgen *228*; Museum der Schatten *229*; Dürre *230*; Unser altes Haus *230*

Imân Mirsâl
Die Verehrung für Marx *232*; Abtreibung *232*; Ich schaue mich um *233*; Nach einem warmen Bad *233*; Das Spiegelkabinett *234*; Das ist gut *234*; Mit ihrer ganzen guten Laune *234*

Muhammad Mutawallî
Ein Mond, der verlorenging *236*; Zwei Freunde *236*; Oh Jesus! Don't you like musical comedy?! *236*; Heute fehlen im Haus ein paar Blumen *238*; Embryos, die mit Auge eines Vogels blicken *239*

Nachwort *243*

Dichtung und Politik *244*; Vormoderne Dichtung *252*; Free Verse *254*; Prosagedicht *255*; Themen und Attitüden *257*; Stile – Komplexität/Simplizität *261*; Publikationswesen – Buchmarkt und Zeitschriften *263*; Kurzgedichte *267*; Auswahl – Auslese *268*; Übersetzung *271*; Umschrift – Aussprache *273*; Literatur – Anthologien *273*; Literatur – Forschung *274*; Dank *275*

Die Autorinnen und Autoren
Biographische Hinweise, Anmerkungen, Textnachweise, weiterführende Literatur 277

Hinweis

Die Dichter sind in der Reihenfolge ihres Geburtsdatums angeordnet, die Kurzgedichte («Für eilige Leser») hingegen in alphabetischer Reihenfolge. Die Jahreszahlen nach den Gedichten bzw. Gedichtgruppen beziehen sich auf das erstmalige Erscheinen in Buchform, sofern sie in eckigen Klammern stehen; Daten ohne Klammern stammen von den Autoren. Die biographische Notiz zu den Autoren befindet sich am Ende des Bandes in alphabetischer Reihenfolge. Der dafür relevante Familienname wurde zur leichteren Orientierung an den Anfang gestellt. Zur Schreibung der arabischen Namen siehe die «Bemerkungen zur Umschrift». Ausgenommen davon sind Namen, die in europäischen Sprachen bereits einheitlich umschrieben werden (Adonis, Rifka, Bennis etc.), sowie die auf französisch schreibenden Autoren (Dib, Tuéni etc.).

Für eilige Leser:
Arabische Poesie heute in 33 Kurzgedichten

Ein kurzes Wort

Wir sind geworden wie der Schlamm in der Tiefe des
 Brunnens:
Unfähig, uns im Wasser zu spiegeln.

     Salâh Abd as-Sabûr (Ägypten, 1931–1981)

Auf diese Art

Wer näht meine Wunden
und flickt meine Seele
mit der Nadel
seiner Küsse?

     Mahmûd Abû Hashhash (Palästina, geb. 1971)

Klischee

Sein Herz ist enger als mein Kuß:
Eine Hälfte von mir verbringt die Nacht ohne Obdach.

     Fauzîyah Abû Khâlid (Saudi-Arabien, geb. 1959)

Feuer

Ich träume von einem Feuer,
das nur Feuer ist
und nicht brennt.

    Fâdî Abû Khalîl (Libanon, geb. 1958)

Das Minarett

Als der Fremde kam,
Weinte das Minarett.
Er kaufte es ohne Not
Und baute darauf einen Schlot.

      Adonis (Syrien/Libanon, geb. 1930)

List

Die Ungeduldigen sprachen am Eingang:
Vergeblich hüteten wir das ganze Leben die Schlüssel –
Sie haben die Schlösser gewechselt!

      Murîd al-Baghrûthî (Palästina, geb. 1944)

Über Hoffnung

Ein einzelner für einen Kranken zurückgelassener Stuhl,
das ist Hoffnung.

      Abbâs Baidûn (Libanon, geb. 1945)

Ein blauer, aufgespannter Regenschirm

Komm, laß uns zusammen regnen
unter diesem Schirm.

      Ahmad Barakât (Marokko, 1960–1994)

Der Pfau

Lehre das Verborgene die Furcht, erschrecke die
 Ewigkeit der Farbe und schlage Wurzeln.
Der Ort schneidet den Leitern, die zur Beute führen,
 die Kehle durch,
Und Schicht um Schicht wird der Himmel zusammen-
 gefaltet.

Salim Barakat (Syrien, geb. 1951)

Wenn der Schnee
der Sonne seine Liebe erklärt,
schmilzt er
vor Scham.

Husain Bin Hamzah (Syrien, geb. 1965)

Der Henker

O Henker!
Du kannst zurück in dein Dorf:
Wir haben dich heute verjagt und dein Amt abgeschafft.

Sargon Boulus (Irak, geb. 1944)

Du

Wer auch immer du bist:
Ich bin dir viel näher als fremd!

Andrée Chedid (Ägypten, geb. 1920)

Wer sehen könnte

Du wirst vom Rauhreif gejagt,
obwohl alle Zärtlichkeit fröstelt,
wenn du erwachst.

     Mohammed Dib (Algerien, geb. 1920)

Jedesmal, wenn einer gestorben ist,
Wäscht Gott sich die Hände.

     Abd al-Qadir al-Djanâbî (Irak, geb. 1944)

Vielleicht
kann ich meinen Schmerz an meinem vogelfreien
 Volk studieren,
doch die Gedichte gemahnen mich an ein
 unwiederbringliches Recht.

     Amal al-Djubûrî (Irak, geb. 1967)

Zukunft ist
gescheiterte Gegenwart.

     Mun'im al-Faqîr (Irak, geb. 1953)

Die Feder

Ergreife die Feder mit deinen zittrigen Fingern
und sei gewiß,
daß die Welt ein Schmetterling ist,
dessen Fangnetz die Wörter sind.

     Muhammad al-Ghuzzî (Tunesien, geb. 1949)

Liebe

Ein Mann und eine Frau im Bett,
ein schamhafter Mond am Fenster.
                    Faradj al-Ishshah (Libyen, geb. 1955)

Der Tod lauert.
Das Leben auch...
                    Abdellatif Laâbi (Marokko, geb. 1942)

Komm nackt,
damit ich dich kleide
in deinen Körper,
den meine Phantasie sich lieh.
                    Marâm Masrî (Syrien, geb. 1962)

Das Auge hat kein Gedächtnis –
das Gedächtnis eignet der Hand.
                    Nasîf an-Nâsirî (Irak, geb. 1966)

Der Schleier

Wer stopfte die Lerche aus,
stickte auf ihre Flügel die Angst?
Wer hüllte dieses Mädchen in einen Schleier,
wie eine Tür, die zugeschlagen wird?
                    Salâh Niyâzî (Irak, geb. 1935)

Wir kennen diese Geschichte

Auf Flughäfen sind wir geboren,
wir kennen diese Geschichte.
Aber in Häfen
werden wir nicht sterben!
   Samîh al-Qâsim (Palästina, geb. 1939)

Diese Gipfel

So viele Gipfel,
doch keiner von ihnen fühlt den Fußtritt
des Verlangens, einen Berg zu besteigen.
   Saif ar-Rahbî (Oman, geb. 1956)

Augen

Zwei weit geöffnete Augen.
In ihnen trifft Meer auf Meer,
Treffen die Brisen auf Segel.
   Fuad Rifka (Syrien/Libanon, geb. 1930)

Ein Ertrinkender

Er hob seine Hand,
als wollte er sich melden,
um etwas zu sagen.
   Wadî Sa'âdah (Libanon, geb. 1948)

Ausgang

Ihre Wärme
ist der einzige Ausgang
aus diesem Labyrinth.
                Salâm Sarhân (Irak, geb. 1961)

Du liest ein Buch schwerer als deine Hände
In diesem klagenden Garten wo die Taube sich teilt
Der Schatten fliegt mit ihr dahin
                Georges Schehadé (Libanon, 1905–1989)

Barfuß
schreitet er
auf seinen Tränenspitzen.
                Paul Shâwûl (Libanon, geb. 1942)

Wie die Wolken ist die Wahrheit vom Winde verformt,
   vom Licht gebleicht.
Allein die Nacht ist imstande, sie unberührt zu bewahren.
                Nadia Tuéni (Libanon, 1935–1983)

Frucht

Der Vogel belauert den Baum seines Traums,
und der Baum belauert seinen Vogel:
Eine Frucht, die er nicht hervorgebracht.
                Abdûh Wâzin (Libanon, geb. 1957)

Frage

Von ferne ... liebe ich dich,
aber aus der Nähe ... will ich dich.
Sind wir verschieden?

       Sa'dî Yûsuf (Irak, geb. 1934)

Ich fürchte den Tisch,
denn diejenigen, die sich daran versammeln,
um zu essen,
versammeln sich daran, um zu töten.

       Abdallah Zrika (Marokko, geb. 1953)

Fadwâ Tûqân (Palästina, geb. 1917)

Wieder auf's Meer

O Eiland unseres Traums, wir ziehen wieder fort,
Du hältst uns nicht mehr fest, es reicht uns,
Was wir fanden dort:
Den trugbildhaften Glanz
Und Schimmer fahlen Lichts, die uns verlockten,
Als deinen Ruf wir hörten
Und grausam mit uns scherzend du
Uns in die Wüste warfst
Und uns verdarbst.

Als die feuchte Kühle deiner Schatten
Winkte und rief zu unseren müden Schritten,
Sagten wir «Ankunft!» und ruhten aus.
Wir wollten dich vornehm und redlich betreten
Und legten unsere Lasten nieder,
Unsere ermüdete Seele
Wollte hier vergessen die jahrelangen Leiden.

Das sagten wir uns unaufhörlich wieder
Im Glanze deiner grünen Weiden,
Selbst mit der Hoffnung konnt' man Späße treiben,
O Gott, wie süß die Hoffnung war
Der auf dem Weg Verirrten,
Die reisen des Nachts und ohne Gefährten.
Das alles sagten wir uns unaufhörlich wieder,
Aber wir täuschten uns, heilige Einfalt!,
    wie sehr täuschten wir uns,
Als in deiner Erde wir den Anker versenkten.

Wir sind gekommen, einzusammeln
Unserer Jahre zerstobene Schritte
Und die Furche für unsere Saat in die Luft zu pflügen.
Liebe und Sehnsucht säten wir schon,
Blüte und Sehnsucht,
Und sahen doch nach wenig Zeit:
Wir säten die Saat in salzige Lache,
Irrten umher, streuten das Korn
In unfruchtbare Brache.
Uns traf die Dürre,
Wo die andern hatten Fruchtbarkeit
Und Schatten.

O Eiland unseres Traums, du hältst uns fest nicht mehr,
Wir ziehen von dir fort, wir bleiben nicht mehr hier,
Unser Sehnen, unsere Zeit sind vergeblich nur bei dir.
Andern spende deinen reichen Überfluß
An Fruchtbarkeit, gib anderen das Wasser und den
  Schatten.
Wir sind dir nun abhold, von Hoffnung frei die Herzen,
Wir ziehen wieder fort, verlassen
Das Lachen deiner bunten Strände
Und werden unser Segel den Winden überlassen.
Verlorenheit und Irrnis sind nochmals zu ertragen.
O Verlorenheit und Irrnis unser,
Im Tosen des Meers, in seinen tiefen Schründen
Kämpfen wir mit wilden Wogen
Und bieten unser Leben, unsern Kampf dem Tosen,
Der sichren Odyssee entgegen, dem Verhängnis,
Umklammernd unsere Größe, unsere Wunden.

April 1960

In einer betagten Stadt

> (Die assoziative Reise in diesem Gedicht spielt sich
> zwischen der Oxford Street in London und dem
> Souk der Gewürzhändler in Nablus ab. Sie beginnt
> bei einer roten Ampel und endet mit Grün.)

Straßen und Gehsteige dieser Stadt zerren mich unter die Leute,
Die Menschenflut reißt mich mit sich fort,
Ich woge inmitten der Wellen, ich halte mich über Wasser,
Ohne jemanden zu berühren.
Die Flut überschwemmt Gehsteig und Straßen,
Gesichter, Gesichter, Gesichter, sie wogen
Obenauf, gezeichnet von Dürre,
Ohne einander zu berühren.
Hier ist die Nähe ohne Nähe,
Abwesenheit ist hier Anwesenheit, ist
Nichts als die Anwesenheit der Abwesenheit.

Die Ampel schlägt auf Rot, und die Flut hält inne,
Die Fledermäuse kehren ins Gedächtnis zurück,
Ein Tank fährt über den Souk von Nablus,
Ich mache ihm Platz, ich habe gelernt,
Die Wege nicht zu blockieren ...
Verinnerlicht habe ich die Lektionen
Des Verkehrs und der Ordnung.
Hier war einst der Markt der Vieh- und Sklavenhändler,
Hier in London wurden meine Eltern, mein Volk verkauft,
Das war die Zeit, wir bezeugen's, da der, der Sklaverei verbot und Menschenhandel,
Dem Freigeborenen entgegenschrie: Wer kauft, wer kauft?
Und jetzt stehe ich hier, dieses einträglichen Handels Gegenstand,

Trage meinen Teil an der Sünde, mein Vergehen:
Daß die Hügel Palästinas mich erzogen... und nur
Wer gestern starb, hat nun Ruhe
(Ihre sterblichen Hüllen, ahne ich,
Stöhnen im Grab und verfluchen mich,
Wenn ich weiche vor dem Tank auf dem Markt
Und dann, ganz unbekümmert, weitergehe).
[...]

Die Ampel wird grün, und die Flut spült mich mit sich fort,
Die Erinnerung entflieht,
Und die Fledermäuse stürzen tief hinab in einen Brunnen.
Ein Schatten ändert seinen Weg
Und folgt dem meinen, zieht mit ihm gleich, spannt eine Brücke auf:
– Bist du nicht auch hier fremd wie ich?
Die beiden Tropfen spalten sich ab von der Flut
Und verschwinden in den Ecken des Parks.
– Magst du John Osborne?
– Wer mag ihn nicht?
– Englands Alte, Frustrierte, Offiziere,
Die mit der Sonne «Im Westen von Suez» untergehen.
Weißt du, wer den Baum des Morgens in diesem Land pflanzen wird?
– Die Hippie-Jugend!
– Du hast eine scharfe Zunge!
Ihre Flut überrollt uns und reißt die Erde Londons mit,
Und wir hören das Geräusch von Londons Zusammenbruch
Im Rhythmus der Schläge des Big Ben.
– Dort an der Ecke gibt's eine Kneipe
Und ein nettes Hotel, zentralbeheizt.
– Du versuchst es vergeblich...

(Eine feine Londoner Lady ging an uns vorbei
Und beklagte sich bei ihrem Hund
Über Rheuma und Arthritis).
– Du versuchst es vergeblich...
– Du scheinst nicht von dieser Zeit?
– Ich bin der Unbekümmertheit entwachsen,
Die Trauer macht mich hundert Jahre alt:
Du versuchst es vergeblich...
Ich schüttele seinen Arm von meiner Schulter, entschlüpfe
   dieser falschen Zweisamkeit.
– Mich bestürmt Einsamkeit!
– Uns alle belagert die Einsamkeit,
Einsam sind wir, treiben dieses Lebens Spiel,
Einsam sind wir, traurig, fühlen die Schmerzen, plagen
   uns ab, einsam,
Und einsam sterben wir,
Und einsam bleibst auch du, selbst wenn du hundert
   Frauen umarmst.

Die Straßen und Gehsteige dieser Stadt zerren uns unter
   die Leute,
Die Menschenflut reißt uns mit sich fort,
Wir wogen inmitten der Wellen,
Wir halten uns über Wasser,
Ohne einander zu berühren.

Khalîl Hâwî (Libanon, 1919–1982)

Der Gefangene

Spielen meine Sinne verrückt?
Die Angst entschwand.
Kehrte das Echo, kehrte der Schwindel zurück?
Wer hat die Kerkernacht von meiner Brust gehoben,
Den Mahr der Wand?
Feuchte Schwärze, alter Lehm
Verdeckte diese blinden Luken.
Was ist mit den Luken,
Sie tun sich auf vor einem tiefen Morgen
Und vom Weg her tönt der Widerhall:
«Es sind die Sonne und der Kinder Lachen
Und Fruchtbarkeit, die blieb auf brachem Feld,
Sie alle erinnern sich meines Schattens, meiner Müdigkeit,
Meiner Hand, die einst das Lied anstimmte für die Saat,
Sie alle locken, sie locken zur Flucht!»
Wie oft hat das Echo mein Herz und meine Lider
  versucht?
Wie oft hinterging mich die Stimme des Sängers?
Wie oft haben die Wände meiner Zelle bluten lassen
  meine Hand?
Wie oft erlahmte sie alleine durch die List der Wand?
Wirf die Gefängnistür zu vor des Tages Gesicht,
Das früher auf Begnadigung hoffen ließ oder reizte zur
  Flucht,
Bevor die Sekunden in meinem Herzen verrosteten
(Kein Echo zählt sie mehr, kein fiebriges Warten),
Bevor mich die Finsternis des Gefängnisses aufsaugte,
Bevor der Staub meine Lider zerfraß,
Bevor des Gefangenen Glieder zerfielen,

Zu morschem Gebein, Knochen, Lehm,
Von Rattenfüßen überall hin fortgetragen
Und von den Jahren verschlissen.
Wie könnten sie aufgesammelt werden, zart werden, aufleben,
Wie könnten zu grünen Zweigen werden Spinnweben,
Die, in einer Welt, die stirbt,
Nach dem Tode streben?

Wer spottet da?
Meine Hände und Lider trügt die Stimme des Sängers nicht mehr,
Die verdammte Gnade täuscht mich nicht mehr,
Jetzt, wo meine Knochen abgenutzt sind von den Jahren,
Soll ich sie verlassen, sie verlassen, dahinfahren,
Mit ausgehöhlten Gliedern und entstelltem Gesicht,
Ein vom Winde gepeitschtes Gespenst,
Verachtet vom Sonnenlicht
Und der Kinder Lachen,
Das sich die Wände entlangdrückt?
Schlag die Gefängnistür zu vor des Tages Gesicht,
Das früher auf Begnadigung hoffen ließ oder reizte zur Flucht.

Die Heiligen Drei Könige in Europa

> Und siehe, der Stern, den sie im Morgenland
> gesehen hatten, ging vor ihnen her... und als
> sie das Kind sahen, fielen sie nieder
> und huldigten ihm.
> Matthäus 2:9–11.

O Magier des Ostens, seid ihr durch Meeresflut
Ins Vaterland der Zivilisation gefahren,
Um zu sehen, wie die neuen Götter
Sich in der Grotte offenbaren?
Hier beginnt der Weg, seht den Stern!
Und da ist des Reisenden Nahrung!
Uns lenkte durch Paris des Sternes Wagemut,
Mit der Gedanken Klausen hatten wir Erfahrung,
Doch auf den Maskenbällen waren wir vom Denken
   abgekommen.
Rom kaschierte den Stern, in der Glut
Der Weihrauchfässer tilgte ihn der Priester Brunst,
In London verirrten wir uns, seine Spur war
   verschwommen
Im Rätsel des Handels, im Kohlendunst!
Kein Stern zur Weihnacht,
Kein Kinderglaube mehr ans Kind und an der Grotte Pracht.
Die Weihnacht... Beklommenheit... Mitternacht...
Entvölkerte Straße, wenn einer traurig lacht.
Wir stiegen hinab in die verruchten Kellerfluchten,
Augen, die von einer Tür zur anderen suchten,
Augen, die wir fragten: Wo ist die Grotte?
Die rote Laterne führte uns zu einer Tür,
Auf der stand eingraviert die Schrift:
«Das Paradies auf Erden! Hier verdirbt keiner Schlange
   Gift,

Es wirft mit Steinen keines Frömmlers Zorn,
Hier sind die Rosen ohne Dorn,
Hier ist die Nacktheit unbefleckt!»
Zieht aus, was ihr geliehen, dies Gesicht,
Aus Chamäleonshaut, eklig buntgescheckt!
– Gesichter ausziehen können wir nicht, wir tragen kein
    Gesicht,
Wir kommen aus Beirut (eine Tragödie!): sind geboren
Mit geliehenem Verstand und geliehenem Gesicht.
Der Geist wird als Hure auf dem ‹Markt› geboren,
Sein Lebtag lang auf Jungfernschaft erpicht.
«Zieht aus, was ihr geliehen, das Gesicht!»
Wir traten ein wie jemand, der nachts ein Beinhaus
  betritt,
Körper räkelten sich, ein Feuer flammte auf,
Tanzte zur Melodie eines Magiers,
Und die Finsternis der Decke wandelte sich
In einen kristallenen Lüster, in Bläue vom Himmel,
Es wandelte sich an den Wänden der Schimmel
In Wein ... und in Gold der Gassen Kot,
Und die Körper reinigte des Weines Glut,
Und sie waren nicht mehr aus Wasser und Lehm,
Sondern vereint mit Sehnen, Herz und Blut.

«Ihr seid im Paradies auf Erden ...
Ein Gebet! Der Himmel ist auf Erden!»
Demütig fielen auf die Knie wir vor der Macht
Der Chemie, vor einem Magier, der wickelte das Paradies
  in Friedhofsnacht.
Wir beteten ihn an als Gott, der in der Grotte sich
  offenbart:
O Gott der Erschöpften,
O Gott der Verirrten,
O Gott, der die Sonne flieht

Und vor dem Sicheren, das erschreckt,
Vor dem Vaterland der Zivilisation,
In der Grotte sich,
In den Höhlen der niederen Welt versteckt!

[1957]

Heimaterde

Du hast deine Augen vor der Asche verschlossen,
Du hast deine Augen vor dem Schwarz verschlossen.

Tief dringt dein bittres Röcheln
In eine Erde ohne Gewissen.

Du

Junges Täubchen, du,
Blume der Wolken,
Wolke der Blumen
Im Mondlicht,
Das über der Klarheit der Dämmerung aufgeht.

Deren Träume das Diesseits reinigt,
Du, der ihr labender Schatten lieber ist
Als der Glanz von Sternenschimmer;
Die niemandem schmeichelt, du,
Der niemand schadet
Und welcher sich der Alb
Der Finsternis nicht nähert.
An deinem labenden Schatten
Löschen die Darbenden
Ihren Durst,
Nachdem sie das Fasten gekostet.

[1979]

Mohammed Dib (Algerien, geb. 1920)

lob

zwischen deinen beiden händen
diese linie einschließen
aus leuchtender flucht
dieses ferne murmeln der bitterkeit

ein gebet wie von salbeigeschmack
wie von anbetung auf der zunge die krümmung
die deinen körper umschmiegt und umgibt

wilde illusion

daß du diesen schwur zurückbegleitest
bis an die aufrichtigkeit seiner geburt
und von dort verwandelt wiederkehrst
oder die ähnlichkeit der schatten übersetzt

das dem strome wiedergegebene wort
deine flanken die in der liebe aufgehen
oder die milchstraße des kreisenden himmels
in der beengenden länge des leben-müssens

brennen dem morgen voraus
das vergängliche hat
nicht deine beweglichkeit

die lektion der flamme

uferseele mehr
als gold das sich verausgabt
in den gewittern
über dem blonden grund für deine sichtbarkeit

als frost erblüht auf deinen brüsten
deinen füßen
in den gelüsten einer abgeirrten lampe
wenn die zeit es vermeidet dich zu betrachten

chiffre des sichtbaren

deine augen leihen dem herbst
ihre ohnmacht aus orgeln
und die unmögliche reinheit
von all diesem durch das
dieser verteilte schwefel
diese unberührbaren blüten
ihre agonie an den Wind hängen

rudel

geboren vom aroma des winds
jägerin hoher flucht
bedacht auf deine beute
die vorwärts scheucht die verfolgung
eines fleisches aus leicht sich öffnendem wind
durch deiner bewegung einzigem faden

du trägst der vorhersagen blondheit
und deine schulter heißt die zikaden schweigen
in den schlummernden olivenbäumen der zeit

gegebene entfernung

mehr frau mehr weg
dennoch auf dem einschnitt
sich wiederfinden wollen

oder von der maske verschlungen
seinen eigenen spiegel hervorbringen

über eine wüste gebreitetes herz
aber zerschlagenheit auch aber ende

nur diesen von zwei armen gesäumten körper
gibt ihm die erde als bett

bewiesen

dein feuer schlägt wurzeln im mühlstein
in der werdenden fährte der ufer
auf den massiven unfruchtbaren lichts

wo noch?

in der kenntnis seltsamer günste
über welche die wärme lacht und auf die sie zurückkommt

das haus von natyk

sich setzen
wie ein unbekannter
die hände legen
auf den tisch

lediglich
mit dem Blick
zuflucht erbitten
und duldung

sich bedienen am brot
und am feuer
die man selbst
nicht gemacht

nachher
die krümel auflesen
sie hinzustreuen
den vögeln

nicht sagen
wer man ist
von wo man kommt
und warum

seine worte aufsparen
für andere dinge
seinen stuhl
neben das fenster stellen

fest

platz zu entflammen
platz zu zittern

der sommer vergißt sich hier
das fleisch wird ergriffen davon

hier läßt sich das himmelsblau nieder
lauter noch als das fieber

daran scheitert der schrei
auf dem wasser des aufschubs

körper des wissens

den frieden leichter machen
und die zartheit einer hüfte aussprechen
oder ihre nackte nachsicht

den blick unter der decke
des schattens zurücklassen
und den augenblick hinauszögern

gegen seine flut anschwimmen
die schwächer ist als es die arme sind
die heller ist als das feuer

mit vorankündigung
wird die stimme vielleicht gesprochen haben
aber wäre es nötig

stellen des verlangens

haarige sonne
sie macht sich ihr nest
wo die beine sich gabeln

wildes tier frißt sie
alle schreie aus sich
und verkriecht sich im horst

ruhe sie erwartet
daß jedes blühen brennt
um sein gut zurückzuerlangen

am selben ort

wo der atem sich knüpft
saust die liebe herab
weißer noch als das beil

wo der atem sich knüpft
saust das beil herab
röter noch als die liebe

Taufîq Sâyigh (Palästina, 1923–1971)

Rede des Dämons in der Flasche

Wenn ich mich morgen als Dämon in der Flasche finde,
Bald von den Wellen hin und her gestoßen,
Bald von den wachen Fischen bis zur Erschöpfung malträtiert,
Soll ich da weinen um die Welt, die ich verloren habe?
Das Schicksal beschimpfen, das den Dämon entstellte und schrumpfen ließ?
Soll ich die Flasche zerschlagen und fliehen?
Oder willig mich darin zusammenkauern, zufrieden wie in einem Schloß?
Soll ich Salomo anflehen, um Vergebung bitten?
Oder soll ich rufen: «O mein Gott, sende mir einen Fischer!»
Aber wird mein Gott dann nicht sagen: «Weshalb willst du denn fliehen?»

Was soll ich da entgegnen meinem Gott?
Soll ich ihm sagen: «Vor Langeweile bin ich krank»?
Wo doch schon in der Menschenwelt die Langeweile meine Amme war, mein Jugendfreund, mein Studienkamerad,
Der in der Hochzeitsnacht mir ging ins Bett voraus.
Soll ich ihm sagen: «Nach der Gemeinschaft sehnte ich mich»?
Wo ich sie doch, als sie umarmte mich, verriet?
Was ich erbat, gewährte sie, doch ich verstieß sie dreimal.
Als sie mich in die Arme schloß, war ich in ihr und doch nicht Teil von ihr.
Soll ich ihm sagen: «Meine Botschaft will ich verbreiten»?
Doch Botschaft verbreiten für wen?

Ich wollte nicht handeln, sondern sprechen,
Und wollte nicht sprechen, sondern lieber lallen:
Warum dann nicht in meiner Flasche lallen?

Was soll ich meinem Gott antworten?

Wenn ich mich morgen als Dämon in der Flasche finde,
Dann werd ich nicht mein Grab mit Füßen treten,
Werde nicht mich schmerzerfüllt darüber beugen:
Nur meine Wohnstatt hätte gewechselt, mein Land bliebe
    dasselbe.
Ich werde in der Flasche kauern, gelangweilt und stumm,
Die Wellen stoßen mich, doch ich zittere nicht,
Die Fische reizen mich, doch ich dreh mich nicht um,
Ich verharre in der Flasche, des Alterns selbst beraubt,
Bis das Netz ins Wasser taucht
Und der Fischer sich freut, dann erschrickt –
Soll ich ihm sagen: «Such dir den Thron aus, der dir
    beliebt!»
Oder: «Wähle die Todesart, die du willst»?

Laß mir...

Meine Hand in deiner Hand
(Oder auf deinem Schoß,
O ewiger Alleserhalter):
Deine Welt ist allumfassend,
Und deine Tage sind unentwegt Jahrhunderte.
Gib mir davon eine Spanne, eine Stunde,
Gestatte, daß ich sie umzäune
Und am Eingang eine Hütte baue für einen furcht-
    einflößenden Hund,
Gestatte, daß ich sie fliese, wenn ich will, und daß das Öl
    reichlich darin strömt.

Gestatte, daß ich sie ausdehne, wenn es mich gut dünkt,
Oder daß ich den Nagel der Lethargie in ihrem Ballon versenke.
Meine Hand in deiner Hand:
Laß mir meine Spanne, meine Stunde,
Daß ich dir bringe alle Ernte dar,
Erntezeit um Erntezeit
(O edelmütiger Lehnsherr, du),
Und zu den Festen mit meinen Blumen schmücke dein Schloß,
Daß ich den Wein in Strömen fließen lasse
Zu deiner Töchter Hochzeitsnächten.
Aber laß mir meine Spanne, meine Stunde,
Und misch dich nicht in sie ein,
Stell mir nicht nach, flüstere mir nichts ein,
Erhebe nicht deine Hand
(Ihr Schatten ist die Finsternis am hellen Morgen),
Und wenn meine Augen sich schließen und zurückkehren in deinen Film,
So sei nicht in einem
Produzent und Regisseur und der einzige Mime.

Ach, ziehe deine Hand nicht fort,
Verschmähe nicht meine Hand, als wäre sie aussätzig.
Die Erde (darauf bestehst du!) ist deine Erde,
Und die Nächte und der Diener sind deines Königreichs;
Du willst noch die hinterste Spanne, die letzte Stunde und den geringsten Diener;
Du willst, daß ich meine Augen ausreiße, wenn sie mich sündigen lassen,
Denn es ist besser, daß ich sie verliere, als daß ich dich verliere;
Und wenn ich mit meinen Händen sündige, willst du, daß ich sie abhacke,

Denn es ist besser, daß ich sie verliere, als daß ich dich
  verliere;
Was aber, wenn ich immer wieder sündige
Und jedes Glied in einen Stolperstein sich wandelt?
Was aber, wenn mich der Rausch erfaßt,
Herauszureißen, wegzuschneiden, abzuhacken,
  auszurotten,
Und ich meine Glieder verstreue wie eine Bauersfrau
  die Körner für Hühner,
Und nicht einmal die Hand mir bleibt, um Stolpersteine
  fortzuräumen,
Was ist es dann, das «Ich» genannt wird,
Und, mein Herr und Meister,
Was, das da dein Diener heißt?

Du willst mich zerteilen
In zwei, die sich gegenseitig bekämpfen?

So teile mich denn, doch schreite ein
Im letzten Moment,
Bevor sie zu nichts werden beide,
Und dann du, wenn du endlich herrschst, herrschst
  über nichts.

Meine Hand in deiner Hand.
Laß mir meine Spanne, meine Stunde,
In denen du meiner vergißt, auf daß ich dich vergesse:
So mich die Stille nicht gemahnt an deine Stimme
Und nicht dein Fehlen höher noch dich vor meine Augen
  stellt.

Meine Hand in deiner Hand,
Und meine Lippen küssen deine Füße.

Die Abrechnung

Laß uns abrechnen!
Die kleinen und die großen Sünden
Verzeichnest du in einem dicken Buch
Und teilst damit Ohrfeigen aus,
Bereitest die Waagschalen vor.
Alles, was im Buch steht, ist richtig,
Denn deine drückende Hand ist ein gewissenhaftes
 Schreibgerät.
Doch gewähre Aufschub eine Stunde,
Daß ich dir Geld vorstrecke, Gläubiger,
Hernach verteile uns dann,
Die einen nach rechts, die anderen nach links.

Du warst auf unserer Erde,
Dann gingst du wieder fort,
Und da waren wir auf deiner Erde.
Entsinnst du dich nicht,
Wie wir dich bewirtet haben, wie du uns bewirtet hast?

Haben wir dich nicht erhoben, damit du erhaben bist?
Einmal zähl nur, wenn du das kannst, wie oft du
 erhoben warst!
Wir ließen dir Zeit, lange führtest du ein leichtes Leben,
Und erst, als alles zusammenbrach, hast du uns erhoben.
Verstießen wir dich, als du ein Kind warst?
Monate vergingen, dann kamst du zurück:
Für die Kälte Nazareths
Wurdest du reichlich entschädigt
Durch die Wärme Ägyptens
Und für das Bad im Blut deiner Kameraden
Durch die Waschung im Nil.
Deiner Mutter erspartest du dort die Schamesröte
Und deinem Vater das Stammeln einer Ausrede.

Wir hielten dich frei von allen Ketten,
Du vergnügtest dich, fröntest der Heiterkeit,
Triebst deine Späße und zogst umher,
Wie du wolltest, wo du wolltest,
Dreißig Jahre lang,
Nie fragten wir dich, was du tatest,
Wo du warst und was du triebst:
Du hast uns Bewacher und Spione eingepflanzt,
Sie öffnen unsere Briefe,
In ihren Ohren läuten die Glocken,
Jedesmal wenn es irgendwo klingelt,
Und in uns selbst schreitet
Die Fünfte Kolonne voran, baut ihre Stellungen aus.
Du sangst, und wir tanzten,
Du warst traurig, und wir vergossen Tränen,
Du warfst nach uns deine Netze aus, und das Netz ward heilig in unseren Augen.
Dich verlangte nach einer Handvoll von uns,
Und wir schlossen uns dir zu Tausenden an,
Wir verschafften dir Brüder, Verwandte, Jünger
Und zwei Schwestern, die sich um dich schlugen,
Und einen Vater hier und einen Vater im Himmel
Und eine Mutter, die keine Männer kannte,
Und ihre Namensschwester, die nie gebar und alle Männer kannte,
Und du beschwertest dich, daß deinem Haupt kein Lager war,
Doch du allein verweigertest
Umarmung und Busen.
... daß dich einer verriet?
Herzlichen Glückwunsch: einer von zwölfen bloß!
Einer unter Tausenden,
Und du wolltest noch, daß er dich verrät!
Wir folgten dir ans Grab

Und ließen unsere verängstigten Häupter
Ohne zu zögern in die Finsternis hinab.
Wir lebten mit dir, wir aßen mit dir, als du wiederkamst,
Wir versuchten nicht, uns zu retten,
Machten kein Kreuzzeichen,
Wir taten den Mund auf,
Und unsere Zungen wurden von Flammen versengt,
Wir folgten dir noch, als du wieder verschwandest,
Und zogen in die Fremde, wohin du wolltest,
Unsere Leiber wurden in alle Winde verstreut,
Und wir wurden mit den Füßen zuoberst gekreuzigt
Um deinetwillen.

Bevor du das Heft mit den Guten Taten
In die andere Waagschale legst,
Lege ebenso darauf
(Denn unsere Hände haben auch geschrieben!)
Dieses dicke Buch.
Weiß ist darin die Habenseite,
Und die Seiten mit den Verlusten folgen in einem fort.

Die einen nach rechts, die anderen nach links.

Du warst auf unserer Erde,
Dann gingst du wieder fort,
Und da waren wir auf deiner Erde.
Entsinnst du dich nicht,
Wie wir dich bewirtet haben, wie du uns bewirtet hast?

Haben wir dich nicht erhoben, damit du erhaben bist?
Einmal zähle nur, wenn du das kannst, wie oft du
    erhoben warst!
Wir ließen dir Zeit, lange führtest du ein leichtes Leben,
Und erst, als alles zusammenbrach, hast du uns erhoben.
Verstießen wir dich, als du ein Kind warst?

Nizâr Qabbâni (Syrien, 1923–1998)

Granada

Der Alhambra Tor war zum Treffen erkoren,
Wie süß, daß ohne Planung man sich traf.
Zwei schwarze Augen... aus denen Fernen geboren,
Bist du Spanierin? habe ich gefragt,
In Granada geboren, hat sie gesagt.
Granada! In diesem Augenpaar, nach langem Schlaf,
Sind siebenhundert Jahr' erwacht
Und Omayyaden... mit erhobenen Fahnen
Und ihrer angespannten Rosse Pracht.
Wie seltsam die Geschichte spielt! Hat mich zurückgebracht
Unter meine Enkel, zu einer Brünetten,
Ein Gesicht aus Damaskus,... worin ich
Die Lider Bilqîs' entdecke und den Hals von Suâd.
Ich sah unser altes Heim und ein Zimmer,
Ich sah meine Mutter mein Kissen glätten,
Sah den Jasmin, mit deren Sternen sie sich schmückt,
Und die Fontäne, deren goldener Klang uns entzückt.

– Wo liegt das, Damaskus?
In deinem Haar, das wie ein schwarzer Fluß
Dein arabisches Antlitz umfließt,
In deinem Mund, der die Sonnen meines Landes umschließt,
Im Wasser des Generalife und in seinem Duft,
Im Jasmin, Basilikum und der Zitrone.
Sie begleitete mich, und ihre Haare wehten hinter ihr her
Wie Ähren vor der Ernte.
Am Hals hing des Ohrrings baumelnde Pracht,

Als wären es Kerzen in Heiliger Nacht,
Und wie ein Kind bin ich der Führerin nachgelaufen,
Und hinter mir... die Geschichte – ein Aschehaufen!
Fast vernahm ich den Puls der Ornamente
Und hörte den Brokat uns von der Decke rufen.
Sie sprach: «Hier die Alhambra, unserer Vorfahren stolze Kunde»,
Lies auf der Wand von meiner Herrlichkeit,
Von ihrer Herrlichkeit! Und ich salbte eine blutende Wunde
Und salbte in meinem Herzen eine weitere Wunde:
Verstündest du doch, mein schönes Erbenkind,
Daß die, die du gemeint, meine Vorfahren sind...

Zum Abschied gab ich ihr die Hand
Und einem Mann in ihr, Târiq Ibn Ziyâd genannt.

Dein Leib ist meine Landkarte

Laß meine Leidenschaft wachsen,
O süßeste Attacke des Wahns meiner Liebe,
O Reise des Dolchs in meine Gewebe,
O Eindringen des Messers,
Laß mich tiefer eindringen, meine Herrin,
Denn das Meer ruft mich,
Laß meinen Tod wachsen,
Vielleicht, indem er mich tötet, daß er mich belebe,
Dein Leib ist meine Landkarte,
Die Karte der Welt interessiert mich nicht mehr.
Ich bin die älteste Hauptstadt für die Traurigkeit,
Meine Wunde ist eine pharaonische Inschrift,
Und mein Schmerz breitet sich wie ein Ölfleck aus
Von Beirut... bis nach China,

Mein Schmerz ist eine Karawane…, von den Kalifen in
  Damaskus
Nach China entsandt
Im siebten Jahrhundert nach Christi
Und die im Maul des Drachen verschwand.

Vogel meines Herzens,
Mein April,
O Olivenhaine, o Meeressand,
O Geschmack des Schnees und Geschmack des Feuers,
Duft meines Unglaubens und meiner Glaubensstärke,
Ich verspüre Angst vor dem Unbekannten: gewähre mir
  Zuflucht,
Ich verspüre Furcht vor der Dunkelheit: drücke mich an
  dich,
Ich spüre die Kälte: decke zu mich,
Erzähl mir Kindergeschichten,
Leg mich neben dich
Sing mir ein Lied…
Denn seit der Schöpfung Anbeginn
Suche ich nach einer Heimat für meine Stirn,
Nach den Haaren einer Frau,
Die mich auf die Wände schreiben und wieder aus-
  wischen,
Nach der Liebe einer Frau,
Die mich mitnimmt
Zu den Grenzen der Sonne… und mich wegwirft,
Nach den Lippen einer Frau… die mich
Zu Goldstaub zerdrücken…
Blüte meines Lebens, mein Fächer,
Meine Lampe, Offenbarung meines Gartens,
Spann mir eine Brücke aus dem Duft der Zitronen,
Steck mich als einen elfenbeinernen Kamm
In die Dunkelheit deiner Haare… und vergiß mich,

Ich bin ein Wassertropfen..., zerlaufen
Bleibt er im Tagebuch vom Oktober.
Deine Liebe zertrampelt mich... wie ein tollwütiges
 kaukasisches Pferd,
Das mich unter seine Hufe wirft
Und in meinen Tränen schwimmt.
Mach mich gewalttätiger,
O süßeste Attacke meines Liebeswahns,
Deinetwegen ließ ich alle meine Frauen ziehen,
Strich meine Geburtsurkunde durch
Und durchschnitt meine Schlagadern...

Wann verkünden sie den Tod der Araber?

1
Seit der Kindheit versuche ich, ein Land zu malen,
Das – übertragen gedacht – der Araber Land genannt
 wird.
Es verzeiht mir, wenn ich das Mondglas zerbreche,
Und es dankt mir, wenn ich Liebesgedichte schreibe,
Und erlaubt mir, die Liebe auszuüben
Wie alle Vögel auf den Bäumen.
Ich versuche, ein Land zu malen,
Das mich lehrt, stets auf der Höhe der Liebe zu bleiben;
Dann würde ich unter dir einen Sommer ausbreiten,
 einen Mantel aus Liebe,
Und wenn der Regen strömte, wränge ich dein Kleid...

2
Ich versuche, ein Land mit einem Parlament aus Jasmin
 zu malen,
Und ein edles Volk aus Jasmin.
Seine Tauben schlummern auf meinem Kopf,

Und seine Minarette weinen in meinen Augen.
Ich versuche, ein Land zu malen, das meiner Dichtung
  Freund ist,
Das sich nicht zwischen mich und meine Zweifel mischt
Und in dem kein Militär mir über die Stirn marschiert.
Ich versuche, ein Land zu malen,
Das mich belohnt, wenn ich ein Gedicht schreibe,
Und mir verzeiht, wenn der Strom meines Liebeswahns
  überfließt...

3
Ich versuche, eine Stadt aus Liebe zu malen,
Die von aller Herrschergewalt frei ist,
In der nicht die Weiblichkeit geschlachtet
Und der Körper unterdrückt wird!!

4
Ich zog südwärts,
Ich zog nordwärts,
Ohne Erfolg.
Denn der Kaffee in allen Cafés hat denselben Geschmack,
Und alle Frauen, wenn sie ausgezogen sind,
Haben denselben Geruch,
Und alle Männer des Stamms goutieren die Speise nicht,
Sondern verschlingen die Frauen in ein und derselben
  Sekunde!!

5
Seit den Anfängen versuche ich,
Niemand anderem ähnlich zu sein,
Stets lehnte ich ab das konservierte Wort,
Lehnte ab jeglichen Götzendienst.
Ich versuche, alle Texte zu verbrennen, in die ich mich
  kleidete,

Denn manche Gedichte sind eine Gruft,
Und manche Sprachen sind ein Leichentuch,
Und ich hatte ein Rendezvous mit der letzten Frau auf
 Erden,
Doch ich kam erst, als es längst schon zu spät war.

6
Ich versuche, mich von meinen Vokabeln loszusagen,
Vom Fluch des Subjekts und des Prädikats,
Ich schüttele meinen Staub von mir ab
Und wasche mein Gesicht mit Regenwasser.
Ich versuche, der Herrschaft der Wüste zu entfliehen:
Abschied den Quraish,
Abschied den Kulaib,
Abschied den Mudar.
[...]

12
Seit ich ein Kind war, versuche ich,
Jegliches Buch zu lesen,
Das von den Propheten der Araber erzählt,
Von den Weisen der Araber
Und von den Dichtern der Araber.
Aber ich fand nur Gedichte, die den Fuß des Kalifen lecken
Für eine Handvoll Reis
Und fünfzig Dirham,
O wie wunderbar...
Und ich fand nur Stämme,
Die nicht unterscheiden
Zwischen Frauenfleisch
Und frischen Datteln,
O wie wunderbar!!
Und ich fand nur Zeitungen, die ihre Unterwäsche
Für irgendeinen Präsidenten ausziehen, der aus dem
 Nichts kommt,

Für irgendeinen Oberst, der über die Leiche des Volkes geht,
Für irgendeinen Wucherer, auf dessen Händen das Gold sich häuft,
O wie wunderbar!!

13
Seit fünfzig Jahren beobachte ich den Zustand der Araber,
Und was tun sie? Sie donnern, doch sie regnen nicht,
Sie ziehen in Kriege und kommen nicht wieder,
Sie kauen die Häute der Wortkunst wie Mastix, ohne sie verdauen zu können,
Sie erhalten jeden Morgen Kulturnachrichten,
Aber sie verstehen es nicht, die Buchstaben zu entwirren... sie lesen nicht.
Ich sehe sie vor mir... sie sitzen auf einem Meer aus Öl,
Aber sie preisen nicht den, der das Öl unter ihnen hervorbrechen ließ,
Sie danken nicht.
Sie bunkern Milliarden in ihren Bäuchen,
Doch immer noch betteln sie!!

14
Seit fünfzig Jahren versuche ich, ein Land zu malen,
Das – übertragen gedacht – der Araber Land genannt wird.
Einst malte ich mit der Farbe der Adern
Und einst mit der Farbe des Zorns.
Und als ich fertig gemalt, fragte ich mich:
Wenn man eines Tages den Tod der Araber verkündet,
In welchem Grab werden sie dann begraben,
Und wer wird sie beweinen,
Wo sie doch keine Töchter, keine Söhne haben?
Also wird es dort keine Trauer geben
Und keine, die trauern!!

15
Seit ich begonnen habe, Gedichte zu schreiben, versuche ich,
Die Entfernung zwischen mir
Und meinen arabischen Vorvätern zu ermessen.
Ich sah Heere, wo es keine Heere gab,
Ich sah Eroberungen, wo es gar keine gab,
Ich verfolgte alle Kriege auf dem Fernsehschirm
Und sah alle Gefallenen auf dem Fernsehschirm.
Selbst ein Sieg Gottes käme zu uns
Auf dem Fernsehschirm!!

16
O meine Heimat
Sie machten dich zu einer Horrorserie,
Deren Ereignisse wir allabendlich verfolgen.
Aber wie sehen wir dich, wenn der Strom ausfällt??

17
Nach fünfzig Jahren versuche ich aufzuzeichnen,
Was ich gesehen habe.
Ich habe Völker gesehen, die glauben, daß die Geheimpolizei gottgewollt ist
Wie die Migräne... wie der Schnupfen... und wie die Krätze.
Ich sah das Arabertum ausgestellt
Auf einer Versteigerung von Antiquitäten,
Doch Araber sah ich nicht!!

Nâzik al-Malâ'ika (Irak, geb. 1923)

Ich

Die Nacht fragt, wer bin ich?
  Ich bin ihr ängstliches, tiefes, schwarzes Geheimnis,
  Ihr rebellisches, ihr Verstummen,
  Ich habe mein Wesen verschleiert mit Stille
  Und ließ mein Herz mir vom Zweifel vermummen,
  Ich harrte mit strengem Blick auf der Stelle,
  In Schau versunken, von der Zeiten Firnis
    Gefragt, wes bin ich Gleichnis?

Der Wind fragt, wer bin ich?
  Sein verwirrter Geist, den die Zeiten verbannen,
  Ich ähnele ihm, bin an keinem Ort,
  Wir gehen endlos immer fort
  Und ziehen rastlos überall von dannen,
  Und wenn wir zur Biegung gelangen,
  Scheint nah das Ende dieser Schicksalsschwere,
    Doch dann von neuem: Leere!

Das Schicksal fragt: Wer bin ich?
  Ich gleiche ihm – ein Riese – und fliege durch die Zeiten,
  Gewähre ihnen, heimgekehrt, die Auferstehung gerne,
  Erschaffend die Vergangenheit, und sei sie noch so ferne,
  Aus süßer Hoffnung zauberischer Kost,
  Und komme dann zurück, sie zu bestatten
  Und mir ein neues Gestern zu bereiten,
    An dessen Morgen klirren wird: der Frost!

Das Selbst fragt: Wer bin ich?
  Ich gleiche ihm und starre kopflos in das Dunkel dieser
    Welt,
Gar nichts ist mir vergönnt, was Frieden mir gewährt,
Und das, was ich verlange – die Antwort –,
Bleibt vom Trugbild verstellt.
Stets glaube ich, daß sie sich nähert,
Doch wenn ich einkehr'n will in ihren Hort,
  Schmilzt sie, verlöscht sie, ist fort!

1948

Zu sühnen die Schande

«Mutter!» Dann Röcheln, Tränen und Schwarz,
Das Blut spritzt hervor, am Dolch zuckt das Herz,
Lehm nistet sich ein jetzt im wallenden Haar:
«Mutter!» Doch niemand hört sie, nur der Schlächter.
Bald bricht der Morgen an, erwacht der Kinder Bande,
Und schöne Hoffnung ruft man, Jugend: zwanzig Jahr!
Doch Antwort geben nur Blumen und Gras.
Sie ist von uns geschieden ... zu sühnen die Schande!

Auf dem Heimweg begegnet der Schlächter den Leuten,
«Schande?» schreit er und streichelt den Dolch,
  «die Schande hackten wir entzwei,
Die Ehre hat uns wieder, der unbefleckte Ruf, wir sind frei!
Wirt, wo bleibt der Wein? Los, los, den Kelch herbei!
Und ruf das feile Weib, die mit dem süßen Atem,
Mit dem Koran kauf ich sie frei, mit Gottes
  vorbestimmten Taten!»
Füll an den Kelch, o Schlächter:
Sei die Ermordete der Schande Wächter.

Der Morgen wird kommen, die Mädchen nach ihr fragen:
«Wo hast du sie gesehen?», und der Barbar wird sagen:
«Wir haben sie getötet, auf unserer Stirn der Schande
　Mal zu sühnen.»
Die Nachbarn erzählen ihre schwarze Geschichte,
Die Palmen werden sie im Viertel verhöhnen,
Der Türen Holz sogar wird nichts vergessen,
Und selbst die Steine werden es noch lange wissen:
«Um die Schande zu sühnen...
　Um die Schande zu sühnen...»

«O Frauen des Viertels, o Mädchen des Dorfs,
Wir kneten das Brot mit unseren Tränen,
Wir schneiden unsere Zöpfe ab und häuten unsere Hände,
Auf daß der Männer Kleid sein Weiß bewahrt,
Kein Lächeln, kein Frohlocken, kein Zwinkern ohne
　Sorgen,
Das Messer in der Faust des Vaters und des Bruders ist
　ein Wächter:
Wer weiß, in welcher Wüste morgen,
Um die Schande zu sühnen, wir werden verscharrt.

16.11.1949

Liebeslied an die Wörter

Weshalb wegen Wörtern bangen,
Können sie doch, zuweilen, Hände aus Rosen sein,
Mit kühlem Duft streichen sie wunderbar um die Wangen
Und sind, zuweilen, Becher von erfrischendem Wein,
Der sich, des Sommers, in durstigen Lippen verfangen.

Weshalb wegen Wörtern bangen?
Sind sie doch, manchmal, verborgene Glocken,

Die uns verkünden den Anbruch üppiger Zeit
Mit klingenden Tropfen aus Fühlen und Liebe und Seligkeit.
Weshalb also wegen Wörtern bangen?

Wir suchten Zuflucht bei der Stille und dem Schweigen,
Wir wollten nicht, daß die Lippen das Geheimnis entdecken,
Und glaubten, in Worten könnten sich Monster verstecken,
In die Lettern geschmiegt, der Jahrhunderte Ohren entzogen,
Wir legten die dürstenden Lettern in Ketten
Und ließen sie nicht die Nacht für uns betten,
Als Kissen, Musik und Duft und Hoffnung verströmend,
Mit Bechern heißen Trunks uns wärmend.

Weshalb wegen Wörtern bangen?
Sie sind die Hintertür für der Liebe Verlangen,
Der rätselhafte Morgen wird durch sie entschlüpfen,
So laßt uns von ihnen des Schweigens Schleier lüpfen,
Sie sind die lichten Fenster, aus denen Wunsch und Sehnsucht blicken,
Die wir in unseren Tiefen verbargen und verhehlten.
Wann wird das trostlose Schweigen entdecken,
Daß wir zur Liebe wieder die Wörter erwählten?

Weshalb wegen Wörtern bangen?
Diese Freunde, die zu uns kommen
Aus der Tiefe unserer Seele mit wärmespendenden Buchstaben-Sonnen,
Sie übertölpeln die Achtlosigkeit unserer Lippen,
Sie singen uns etwas vor, und tausend Gedanken werden empfangen
Über verheißungsvolles, frisches Leben,

Die in uns schliefen, nichts wußten vom Leben,
Doch morgen werden sie es uns schenken,
Freunde, uns hingegeben, Wörter.
Warum also nicht die Wörter lieben?

Weshalb wegen Wörtern bangen?
Es gibt Wörter von einer Süße wie Samt,
Deren Buchstaben ihre Wärme von den Lippen
 empfangen,
Und andere von fröhlicher Heiterkeit,
Die rosige Freude, trunkene Lider besangen,
Poetische Wörter, frische, sie laben
Und schicken sich an, die Wangen, die Buchstaben
Zu berühren, in deren Echos Rausch und reiche Farben
 wohnen,
Begeisterung und verborgenes Sehnen.

Weshalb wegen Wörtern bangen?
Haben ihre Dornen uns gestern noch verwundet,
So haben sie sich heut' an unseren Hals geworfen
Und netzten unser Sehnen mit ihrem süßen Duft.
Und wenn ihre Buchstaben uns auch einmal stachen
Und sie sich von uns abkehrten, nichts für uns empfanden,
So sind sie doch als Versprechen in euren Händen
 geblieben,
Und morgen werden sie euch mit Parfum und Blumen
 und Leben umhüllen.
Ah! So mögen sich unsere Kelche mit Worten füllen!

Einst werden uns die Wörter mit einem Nest aus Traum
 beschenken,
An seinen Buchstaben wird sich der Efeu hochranken,
In seinem Schmuck werden wir die Dichtung schmelzen,
Und seine Blüten werden wir mit Wörtern tränken

Und bauen einen Söller für den Duft und die schüchter-
 nen Rosen
(Die Wörter sind seine Stelzen)
Und einen kühlen Wandelgang, der im Schatten badet,
Bewacht von Worten, unbeschadet.

Unser Leben haben wir dem Gebet geweiht,
Aber wen beten wir an, wenn nicht – die Wortgottheit!

Badr Shâkir as-Sayyâb (Irak, 1926–1964)

Der Fluß und der Tod

1
Buwaib...
Buwaib...
Glocken eines Turms, versunken im Meeresgrund,
Das Abendrot zwischen den Bäumen, das Wasser in der
  Krüge Rund,
Und die Krüge verströmen Glocken aus Regen,
Stöhnend zerstiebt ihr kristallener Segen:
Buwaib... o Buwaib,
Und tiefschwarz wird das Blut in meinem Leib
Aus Sehnsucht nach dir, Buwaib,
O mein Fluß, so traurig wie der Regen.
Ich wünschte, im Finstren zu laufen,
Mit festem Griff die Sehnsucht eines Jahrs zu tragen
In jedem Finger, als wären es Opfergaben
Aus Blumen und Weizen.
Ich wünschte, von der Hügel Thron den Blick zu wagen,
Um den Mond zu sehen, wenn er zwischen deine Ufer
  sinkt,
Schatten sät und die Körbe füllt
Mit Wasser, Fischen und Seerosen.
Ich wünschte, in dich zu tauchen, dem Mond nachzujagen,
Zu hören, wie auf deinem Grund der Kiesel klingt
Gleich tausend Vögeln, die in Bäumen klagen,
Bist du ein Fluß oder ein Tränengarten?
Und schlafen, wenn es dämmert, die wachenden Fische
  ein?
Und fahren diese Sterne fort im Warten?
Und füttern mit Seide Tausende von Nadeln?

Und du Buwaib...
Ich wünschte, in dir zu versinken, Muscheln aufzulesen,
Um ein Haus mit ihnen zu erbauen,
In dem die Sterne und der Mond mit ihrem Licht
Des Wassers und der Bäume Grün beschauen.
Und morgens schwimme ich mit der Ebbe ins Meer in dir,
Denn der Tod ist eine seltsame Welt, die die Jugend verlockt,
Und sein Tor, o Buwaib, war in Dir versteckt.

2
Buwaib... o Buwaib,
Zwanzig Jahre vergingen, und jedes war wie eine Ewigkeit,
Und heute, wo schlaflos an sein Bett gefesselt ist mein Leib
Und weithin herrscht die große Dunkelheit,
Da schärft sich mein Gewissen: Krone eines Baums zur Dämmerungszeit
Mit feinfühligen Früchten, Vögeln und Zweigen.
Ich spüre das Blut und die Tränen, die wie Regen
Von der tristen Welt vergossen werden.
In meinen Adern dröhnt der Totenglocken Schall,
Und tiefschwarz wird in meinem Blut
Die Sehnsucht nach dem tödlichen Eis einer Kugel,
Das die Tiefen meiner Brust durchbohrt,
So wie die Knochen schmoren in der Hölle Glut.
Ich wünschte, den Kämpfenden beizuspringen,
Die Fäuste zu ballen und mit dem Schicksal zu ringen.
Ich wünschte, zu sinken auf den Grund in meinem Blut
Und gemeinsam mit der Menschheit zu tragen die Not
Und das Leben zu wecken. Wahrlich, ein *Sieg* ist mein Tod!

Das Lied vom Regen

Deine Augen: Zwei Wälder von Palmen im Morgenrot,
Zwei Söller, von denen der Mond sich erhob,
Wenn deine Augen lachen, belaubt sich der Wein,
Und auf dem Fluß tanzt wie Monde der Lichter Schein
Vom Ruder gekräuselt im Morgenrot –
Der Sterne Puls in deinen Augen ohne Lot...

Sie tauchen ein in trauerklare Nebelwände,
So breitet der Abend übers Meer seine Hände
Mit der Wärme des Winters und dem herbstlichen Beben,
Mit Dunkel, Licht und Tod und neuem Leben.
Das Mark meiner Seele erwacht,
Und wilder Rausch und Schluchzen umarmen den Himmel,
Rausch eines Kindes, das sich schreckt vor Mondes
  Macht,
Als würden die Wolken an den Wolken sich laben
Und Tropfen um Tropfen zu Regen zerstieben.
Und im Spalier ein Kind, das glucksend lacht,
Und in der Vögel Schweigen auf den Bäumen
Prasselt das Regenlied:
  Tropfe, tropfe,
    Regen tropfe,
      Regen tropfe...
Schon hebt der Abend an zu gähnen,
Doch noch vergießen ihre schweren Tränen
Die Wolken, wie ein Kind, das stammelt, wenn es
  schlafen geht,
Daß seine Mutter ... sicher wiederkommt,
Denn es findet sie nicht, wenn es erwacht,
Seit einem Jahr nicht mehr, und wenn es fragend fleht,
Wird ihm gesagt: «Übermorgen ... kommt sie sicher
  wieder»,

Obschon die Freunde flüstern, daß sie dort
Am Hang schläft in der Toten Hort
Und Staub verschluckt und Regen trinkt.
So rafft der traurige Fischer sein Netz und flucht
Auf Meere und Geschick, und wenn der Mond versinkt,
Wirft er sein Lied aus und singt:
   Tropfe, tropfe,
     Regen tropfe,
        Regen tropfe...
Weißt du, welchen Kummer der Regen bringt?
Wie die Rohre stöhnen, wenn er sie durchspült?
Wie ein Verlassener sich darin verloren fühlt?
Endlos wie die Hungersnot, wie vergossenes Blut,
Wie die Liebe, die Kinder, die Toten – das ist der Regen!
Deine Augen wandern mit mir durch den Regen,
Sehen über den Brechern des Golfs die Blitze niederfegen,
Mit Sternen und Muscheln die Strände des Iraks
   bestreichen,
Wie wenn die Blitze für den Sonnenaufgang sorgten.
Dann zieht die Nacht eine Decke aus Blut darüber,
Und ich schreie ihn an: «O Golf,
Du spendest Perlen, Muscheln und Verderben.»
Das Echo kehrt zurück wie Schluchzen:
«O Golf, du spendest Muscheln und Sterben...»

Fast hör ich den Irak in Ebenen und Bergen
Donner und Blitz aufspeichern und sparen,
Bis die Männer das Siegel brechen dürfen
Und die Winde vom Stamm der Thamûd keine Spuren
Im Tale lassen. Ich höre fast,
Wie die Palmen den Regen schlürfen,
Wie die Dörfer stöhnen, lausche den Flüchtlingen,
Die mit Ruder und Mast
Gegen die Donner, gegen die Stürme des Golfes ringen,

Während sie singen:
  «Tropfe, tropfe,
    Regen tropfe,
      Regen tropfe...
Im Irak herrscht Hunger,
Und die Erntezeit streut den Gewinn
Zum Fraß den Raben und Heuschrecken hin,
Und Stroh und Steine mahlen
Die Mühlen, die sich auf den Feldern drehen,
Um die die Menschen stehen...
  Tropfe, tropfe,
    Regen tropfe,
      Regen tropfe...
Ströme von Tränen vergossen wir in der Nacht vor dem
  Aufbruch
Und taten so, aus Angst vor Schimpf, als wäre es Regen.
Seit wir Kinder waren, bewölkte sich immer
Im Winter der Himmel, und Regen fiel,
Doch jedes Jahr, wenn die Erde grünt, leiden wir Hunger,
Kein Jahr vergeht im Irak ohne Hungersnot.
Als Keim in jedem Tropfen ruht
Der Blumen schönes Gelb und Rot,
Und jede Träne Hungernder und Nackter
Und alle ausgepreßten Tropfen Sklavenblut
Sind Lächeln in Erwartung eines neuen Mundes
Und eine Brust, die sich am Mund des Säuglings rötet
In der jungen Welt des Morgens, der das Leben spendet.
  Tropfe, tropfe,
    Regen tropfe,
      Regen tropfe...
Aufblühen wird der Irak im Regen...!»

Und ich schreie den Golf an:
  «Du spendest Perlen, Muscheln und Verderben.»

Das Echo kehrt zurück wie Schluchzen:
«Du spendest Muscheln und Sterben...»
Und seiner Gaben große Zahl
Verstreut der Golf im Sand,
Salzigen Schaum, Muscheln und Knochen eines
   Flüchtlings,
Der ertrank, hat gekostet den Tod
Aus dem Graben des Golfs, vom Meeresgrund,
Und tausend Schlangen kosten im Irak
Den Nektar einer Blume, die das Zweistromland
Mit seinem Tau genähret hat.
Und ich höre, wie das Echo
Im Golf erschallt:
  «Tropfe, tropfe,
    Regen tropfe,
      Regen tropfe...
Als Keim in jedem Tropfen ruht
Der Blumen schönes Gelb und Rot,
Und jede Träne Hungernder und Nackter
Und alle ausgepreßten Tropfen Sklavenblut
Sind Lächeln in Erwartung eines neuen Mundes
Und eine Brust, die sich am Mund des Säuglings rötet
In der jungen Welt des Morgens, der das Leben spendet.»

Und der Regen strömt...

Hochzeit auf dem Dorf

Wie der Wind den Goldstaub von den Flügeln
Des Schmetterlings weht, so erstirbt der Tag –
Dieser lange Tag.
Erntet nur, Kameraden, es dauert nicht mehr lang,
Seit Mittag prasselt der Handpauken Klang

Wie fallendes Obst in Winden,
Die sich zwischen Palmen wiegen,
Oder wie Tränen, die fallen, und Funken, die sprühen:
Dies ist die heißersehnte Hochzeitsnacht!
Eine alte Liebe starb, es starb der Tag,
Wie der Wind das Licht von Kerzen löscht.
Kerzen... Kerzen,
Wie ein Weizenfeld am Abend trinken
Sie gierig die Luft aus den Mündern der Mädchenschar –
Sie tanzen um die Braut und singen:
«Nuwâr, freu dich, o Nuwâr!
Du bist süß, o Braut, süß wie der Tau!»
Kameraden, auf uns blicken wird Nuwâr
Hocherhobenen Hauptes, mit Verachtung sogar.
Eine Handvoll Gold stahl uns die Frau:
Ein Armreif oder Ring, ein Schloß, erbaut
Aus Knochen und der Knechte Haut...
Und sie, o Gott, ist einer dieser Knechte!
Hätten wir und unsere Väter
Alle Jahre durch geschuftet und gespart
– auf Kosten unsrer hungrigen Kinder –,
Wir hätten ihr für das, was mühsam wir verdienten,
Weder Ring noch Armreif kaufen können!
Ein Ring, für dessen blauen Diamant
Hundert Gräber voller Opfer sind der Unterpfand,
Womit der böse Wucherer ihn erstand.
Und wie zur Mittagszeit der Wind
Die Granatapfelblüte versehrt –
So wird zur Wüste das Land,
Wenn Nuwâr ihm den Rücken kehrt.
Um der Liebe willen, ihr Krugträgerinnen,
Geht und fragt sie: «O Nuwâr
Werdet ihr, du und der fremde Eindringling,
Den du kaum kennst, ein Paar?

O Tochter vom Land, dem du keine Chance gegeben!
Wie viele seiner jungen Männer
Wären nicht zuerst berechtigt, dich zu lieben?
Sie kennen dich von Kindesbeinen,
Wie sie den Mond zu kennen scheinen,
Wie sie der Palmen Rauschen kennen
Und die Ufer des Flusses,
Den Regen,
Und die Liebe, o Nuwâr!»
Erntet, Kameraden, denn der Sonnenuntergang
Kehrt zwischen die Hügel ein, verströmt sein Flammenhaar
Aus goldgefügten Krügen,
Und das Trillern der Frauen hallt aus allen Häusern.
Der Palast hat seine vierzig Lichter angezündet,
Folgt mir, laßt uns gehen dorthin,
Ich will vor dem Bräutigam singen
Und mit meinem Schatten tanzen wie ein Affe an der Leine.
Ich tue so, als hätte ich Liebesschmerzen,
Und lache über die Wunden in meinem traurigen Herzen,
Über die vergangene Liebe,
Über die Herzen der Hungernden,
Wenn sie verliebt sind,
Und wie, wer schwere Arbeit tut, erniedrigt wird.
Ich werde essen, bis das Blut rinnt
Aus meinen Augen... denn noch habe ich einen Mund:
Er ist alles, was wir haben, dieser Mund!
Ein Trugbild war unsre Liebe, denn die Herzen
Und die Liebe halten sich an die Reichen!
Keine Klagen!... wären wir nicht so dumm,
Ließen wir uns das nicht bieten, wir, die Völker!

[1960]

Abd al-Wahhâb al-Bayyâtî (Irak, 1926–1999)

Zwei Gedichte für meinen Sohn Ali

1
O mein trauriger Mond:
Das Meer ist tot, und die schwarzen Wellen
Verschlangen das Segel Sindbads,
Seine Söhne wechseln keine Schreie mehr mit den
  Möwen,
Und das heisere Echo kehrte zurück,
Den Horizont verhüllt aschenes Linnen,
Für wen singen die Zauberinnen?
Wo die See tot bleibt
Und das Gras auf ihrer Stirn rastlos treibt
Und Welten treiben, erfüllt von Erinnerung an den
  Gesang –
Unsere Insel ging unter, und der Gesang schlug um
In Klage, die Lerchen
Zogen davon, o mein trauriger Mond:
Die Schatztruhe liegt im Flußlauf begraben,
Am Ende des Gartens, unter dem kleinen Zitronenbaum,
Sindbad versteckte sie dort,
Doch sie ist leer, unter Asche verscharrt,
Unter Schnee und Finsternis und Laub,
Im Nebel ist der Kosmos verscharrt.
Sterben wir so in diesem verödeten Land?
Verwelkt die Lampe der Kindheit im Staub?
Verlischt so die Sonne des hellichten Tags,
Und wird in den Herden der Armen kein Feuer mehr
  sein?

2
Städte ohne Dämmerung schlafen,
In ihren Straßen rief ich deinen Namen, aber nur die
    Finsternis gab Antwort mir,
Ich fragte den Wind nach dir, der im Herzen der Stille
    heulte,
Und sah dein Gesicht in Spiegeln und Augen,
Auf Ansichtskarten, in Fensterscheiben eines fernen
    Morgengrauens.
Städte ohne Dämmerungen vereist,
Die Vögel des Frühlings haben ihre Kirchen verlassen,
Für wen sollten sie singen?
Die Cafés haben ihre Türen verschlossen,
Zu wem sollten sie beten?
O zersprungenes Herz,
Wenn die Nacht tot ist
Und frostbefallen die Kutschen ohne Pferde zurückkehren,
Von Toten gelenkt.
Gehen so die Jahre dahin?
Zerfetzt Qual das Herz?
Und wir, von einem Exil zum anderen, von Tür zu Tür,
Welken wie Lilien im Staub,
Elende sind wir, o mein Mond, und sterben,
Unser Zug ist auf immer verpaßt.

31.3.1965

Das Buch der Armut und der Revolution

1
Vom Grund rufe ich dich,
Meine Zunge ist ausgetrocknet,
Und meine Schmetterlinge verbrennen auf deinem Mund.
Kommt dieser Schnee aus der Kälte deiner Nächte?

Kommt diese Armut von der Güte deiner Hand?
Ihr Schatten rennt mit meinem um die Wette
Am Tor zur Nacht
Und duckt sich hungrig im Feld, nackt
Folgt er mir bis zum Fluß –
Stammt dieser schweigende Stein von meinem Grab?
Ist diese auf den Plätzen gekreuzigte Zeit aus meinem Leben?
Bist du es, meine Armut?
Ohne Gesicht, ohne Heimat,
Bist du es, meine Zeit?
Dein Gesicht läßt im Spiegel kratzige Spuren,
Dein Gewissen starb unter den Stiefeln der Huren,
Und dein Volk im Elend verkaufte dich
An die Toten unter den Lebenden –
Wer wird dann an die Toten verkaufen?
Und wer wird das Schweigen brechen?
Wer von uns
Ist der Held seiner Zeit, um zu wiederholen, was wir sagten?
Und wer wird dem Wind verraten,
Daß wir noch leben –
Ist dieser tote Mond ein Mensch
Auf dem Mast der Morgendämmerung, auf der Mauer des Gartens?
Beraubst du mich?
Verläßt du mich
Ohne Leichentuch und Heimat?
Ah, jung waren wir, und es gab...
Wäre die Armut ein Mensch:
Ich würde ihn töten und sein Blut trinken!
Wäre nur die Armut ein Mensch...

2

Ich rief zu den Schiffen, die aufbrechen in die Ferne,
Zu dem fortziehenden Schwan,
Zur Nacht, die verregnet war trotz der Sterne,
Zu den herbstlichen Blättern, zu den Augen,
Zu allem, was war und sein wird,
Zum Feuer, zu den Zweigen,
Zu den verlassenen Straßen,
Zu den Wassertropfen, den Brücken,
Dem zerfallenen Stern,
Zu den vergreisten Erinnerungen,
Zu den Uhren der düsteren Häuser,
Zum Wort,
Zum Pinsel des Künstlers,
Zum Schatten, zur Farbe,
Zum Kapitän und zum Meer,
Daß wir brennen mögen,
Damit die Funken von uns schnellen
Und den Schrei der Revolutionäre erhellen
Und den Hahn wecken, der auf der Mauer starb.

13.3.1965

Die Autobiographie eines Feuerdiebs

1

Die kahlköpfige Sprache setzte sich Stilistik und Rhetorik
   als Perücke auf
in königlichen Gemächern, im Zeitalter des Weltraums,
   der Sternenschiffe und der Revolutionen,
und kleidete sich in Wortspiel und Vergleich.
Die verschnittenen Betteldichter in den Hauptstädten des
   Orients
robbten auf ihren Bäuchen durch die Käfige,

Flöhe und Moos gediehen auf ihren Gedichten,
und die Poeten des käuflichen Traums in den Elfenbeintürmen
übertünchten mit Puder und Creme die Blässe der Muse der Dichtkunst,
die auf dem Gipfel des Olymp vergreist.
Sie stahlen ihren welken Lorbeerkranz aus den Museen, den Mülltonnen, den Texten,
sie sammelten die herbstlichen Blätter von den Friedhöfen verblichener Poetik,
während die Eunuchendichter die Sklavenkönige in ihren Käfigen priesen.
Mit den Jahreszeiten kam der Feuerdieb,
brachte das Testament der Zeiten, der Ströme,
kam und sah,
wie er, beim Wettkampf der erschöpften Menschheit,
in der Glut der Erde, auf der er sich niederließ,
an den Sonnenmann dachte, an die Gitarrenfrau,
beide befreit von Ketten.
Er hat Einsicht in die Wogen der Geschichte und die Trauer der Generationen,
die Vögel, den Stein und die Toten.
Auf das Papyrus schreibt er die Namen der Fürstinnen von Buchara
und bringt des Meeres Testament der Kindheit, den Moscheen, den Märkten.
Er sagte, als er in seinem langen Mantel dastand
wie der ägyptische Obelisk, diese Palme an der Place de la Concorde:
«Kamst du durch das Fenster des Morgenrots in mein Herz?
Und wer gab dir das Recht, zu schlafen, aufzubrechen und zu suchen
nach den Grenzen in der Stadt der Liebe?»

Ich sah sein blasses Antlitz am Flughafen von Paris,
ich weinte, als wir uns ein letztes Mal Adieu sagten,
während die Eunuchendichter die Sklavenkönige in den
 Käfigen priesen.
Der Feuerdieb stand an der Bar,
sang für die Vögel, die erschöpft waren von der Wander-
 schaft in eisigen Gärten,
Und auch ich war erschöpft,
kämpfte gegen den Schlaf, der mit dem Rauch und dem
 Regen
die Leitern der Nacht hinabstieg.
Er sagte: Laß uns diese Nacht das Glas erheben auf die
 Dichterfürstin im Exil.
Der Regen wusch Bäume, Wunden und Dächer,
aus einer Ecke der Bar erklang die Musik eines alten
 russischen Geigers.
Ich sah in der Melodie die weißen Städte der Kindheit,
die vereisten Flüsse und die Wälder im Ural,
wir schworen gemeinsam beim Sonnenmann, der
 Gitarrenfrau,
und die schöne Fürstin lachte aus ganzem Herzen.
Wer gab dir das Recht, in der Stadt der Liebe nach Gott
 zu suchen?
Nach einer Fontäne in Tränen?
Ich sah sein blasses Antlitz am Grund des Glases,
und im Wirbel des Tanzes fuhr seine Hand durch ihr
 feuerrotes Haar,
durch die Nacht und das Eis und den Rauch.

2
Ich suchte in Kneipe um Kneipe, von Exil zu Exil
nach dem Antlitz, das der Feuerdieb der Dichtkunst
aus den Tempeln der Götter und Menschen raubt,
nach der Fürstin des Exils, hinter deren feuerrotem Haar

wir herjagten in der Stadt der Kindheit, in den Tempeln,
   auf den Märkten,
keuchend, die Gläser hebend,
während die Verschnittenen die Sklavenkönige in den
   Käfigen priesen
und auf ihren Gedichten Flöhe und Moos gediehen.
Hinter ihren Haaren waren wir her, zähmend die Pferde
   in den Steppen dieses Orients.

Wer gab dir diesen grünen Mond?
Bist du durch der Trauer Fenster in mein Herz getreten?
Ich sah den Feuerdieb einsam auf einem Stuhl in der Ecke
   der Bar schlafen.
Die Fürstin war fortgegangen, und er hatte gesagt: «Wer
   wird die Flüsse bewachen,
Auf der Hochzeit des Todesflusses?
Wer wird mit eines Dichters Wut die Lampions im Fluß
   versenken?»
Hier höre ich die Knochen der neuen Erdenzeit wachsen,
das Feuerroß in den griechischen Epen bäumt sich unter
   meinen Sporen auf,
es trägt keinen Namen, ist frei von allem Sinn, dieser
   Qual.
Sie ist fortgegangen, sagt er – wird also der Blitz auf dem
   Obelisken einschlagen,
die Palme an der Place de la Concorde?
Wird der Frühling auswandern aus Paris?
Ich sah sein blasses Gesicht am Grund des Glases und im
   Spiegel,
er war tot, er sah aus, als käme er vom Grab in die Bar,
um zur Dämmerung mit mir auf dem Rücken der Pferde
   in die Steppen des Orients auszuziehen.
Hast du mich gerufen, Donnerschlag?
Buchara ist nahe gerückt,

möge der Stamm die im Morgengrauen untergehenden
   Sterne bringen, die Monde,
um sie von den Spitzen der Felsen den Möwen zum Fraß
   vorzuwerfen.
Der Regen wusch Bäume, Wunden und Dächer,
und aus einer Ecke der Bar erklang die Musik eines alten
   russischen Geigers.
Ich sah in der Melodie die weißen Städte der Kindheit,
die vereisten Flüsse und die Wälder im Ural,
wir schworen gemeinsam beim Sonnenmann, der
   Gitarrenfrau.
Hat sich das Wunder des Lebens nach dem Tod bewahr-
   heitet?
Hast du mich gerufen, Donnerschlag?
Ich sehe, wie ein Sturm aus Dichtung diesen Planeten
   hinwegfegt,
der tief in Schrecken und Gewalt getaucht ist.
Ich sehe, wie der Dichter mit seinem Schrei die Erde des
   Traums umpflügt.
Hast du mich gerufen?
Ich werde die Logik aus meinem Revier verjagen,
Im Feuer reisend und in den Worten,
auf der Hochzeit des Liebestags,
herabstoßend auf meine Beute – Das Gedicht, die Frau –
wie der Sterndeuter, der Magier in der Stadt der Liebe.
Ich sah, wie sein blasses Antlitz noch einmal lächelte,
   als er verschied,
und wie ein Wasserfall stürzte aus dem Himmel
der Fürstin feuerrotes Haar.

[1974]

Salah Stétié (Libanon, geb. 1929)

Die andere verbrannte Seite des sehr Reinen

Und die funkenbündel und der baum
Durch die zentrierte kälte
Umarmen spinnengleich das ungehaltene
Wo wir, rotierend langsam
Das nackte eines jungen mädchens lieben
In dem sich formt aus tau das unerhörte wort
Wie eine lampe, ganz verhüllt, sich tränkt

Und wir werden mit dem blau des gases
Dieser fremden lampe
Unter den brennenden kieseln uns verderben
Ufer eines verhärteten mondes
Mit seiner borte aus glut, eine taube
Gemacht für unsere liebe, meine geliebte, gemacht
   aus einem sinn

*

Diese taube mit dem bißchen glut
Sie ist, verdorrter himmel, mein verbrennen
Geschrieben in den umkreis des baums, dann
   weggeschrieben
Um so frei zu lassen
Den geist, dessen trugbild am himmel glänzt

Dann ist es auf dem bogen und dem gras
Der stern, in grausam träumerei befangen, das wasser
Das mit dem tau der gärten lodert
In Krügen aufgestellt die leeren rosen

Gleich puppen unserer sterblichen nacht
Archaisch den, der ungeboren ist, erwartend

*

Das kind der kindheit ist im gras; im gras
Glänzt es mit dem licht
Schreitet es mit der schwarzen flüchtigen lampe
Auf der hüfte des lichts
Beil der zeit, wo auch der tag lodert
Und zitternd, wo die wolken schlafen

Absolute unveränderte substanz – die sonne
Leier und staub in ihr
Bröcklig in ihrem vertrocknen aus traum
Inmitten der bäume, die grünen auf dem schmerz
Dieses kindes, geboren in reinem verlust

*

Die so feine weiche des kindes aus wunsch
Verwischt, wo der schnee weht
Mit der schwarzen lampe einer unordnung
Wider den unveränderten wind der substanz
Wo die wolken ein sehr reines feuer sind

Deines ungetrübten zwillings kind bist du
Und eure knie aus glut
Wie früchte in der jahreszeiten korb
Durch die sinnende nacht
Die ihren funkenflügel ein wenig öffnet

*

Haltet mich auf mit der luft und den händen
In der baumgeäderten nacht
Unter frischen weiten sternen. Die liebe
– Diese glut unter uns und allen ihren früchten –
Diese früchte, windig wie der körper
Gebildet aus liebe, die wunde ist und taube

Ah! sei uns feuer der krug dieses körpers
Aus dem wir trinken vor schmerz und geduld
Unter den tausendfachen sternen des gelinderten alters
Wo wir gehen, lebendigen jochen unterworfen
Diese ganze wolke
– Am ende nackt wie verdecktes blut

*

Einer von uns, das gesicht vor nestern verbrannt
Näherte sich der blindheit des sängers
Mit seinem blinden singsang aus tränen
Wie ein vorhang aus tau auf den hügeln
Unterworfen alten versprochenen bäumen
Unter dem bogen, gespannt als wolke aus erregung

Dies nun, dies ist schwarzer erde dichtung
Mit den tiefen und gekrümmten rindern
Berührt von jeder abgebrannten leier
Bevor das leben der taube geschenkt wird
Geteilte ungeteilte sterbliche
Ihr nest an der seite der aorta

*

Haltet mich auf mit der luft am rand der bäume
Und dieses blau des geistes

Wo das leiden nackt ist unter seinen nägeln
An einem echten morgen aus verrücktem tau
Rot und klar das land
Unter den tauben der wolken zerstreut

Ah! tötet diese tauben
Indem ihr auf dem amboß ihren schatten zertrümmert
Auf dem begehrenden mit den geranien
Während nachts die knoten verschwinden
Im unsichtbaren ihre fallen stellend

*

Jeder mutter gebührt eine stille
Und finger vergoldet mit ihren söhnen
Im blitz und in der ellipse
Der mond, der die sicht verjagte
Und dann die lider nähte und wiedernähte

Jede mutter braucht das gras und die leier
Der prophezeihung gemäß und diesem aufschrei eines gesichts
Wo noch das wasser glänzt fast einer kindheit
Das in der mulde trinken wird die taube
Trugbildhaft, mit bloßer kehle

*

Schönheit dieser zehen, die fruchtig sind vom schnee
Auf dieser seite des lichts, wo es statue ist
Fremd und glänzend und ein wenig tot
Unter der kälte kalter bäume, einer träne
Eingeschlafen in etwas musik, zerbrochene geigen
Brennend von dem, was war: fremdes laub
Auf der rückseite des feuers gefroren

... Und alle diese nester!
Und in orangenhainen alle diese körper!
Die schwächlich mit dem flügel schlagen in der dämmerung
Wie im desaster des geistes das wilde herz
Gealtert unterm gurren einer turteltaube
Auf dieser sehr armen seite der liebe
Mit ihrem geruch von urin und jasmin

*

Diese frau mit ihrem finstren gesicht
An den tischen des schnees
Ihre langen geigen verbrannt bis zu den wurzeln
All dies, was sie betrachtet
Des tages namen zwischen ihre beine pressend
Und das rinnen des ungenannten
Die begierde, die sie umgibt
O wachsame o zähne
Die sanft im fürchterlichen schimmern

All dies, was sie betrachtet
Bis zum ungedachten gipfel des geistes am tag
Ihre hände ihre tausend hände und ihre glieder
Zerstreut und sicher auf dem schwarzem geschlecht des
  mannes
Er ist draußen, jagt den mond und die wölfe, er ißt fleisch
Zwischen den beinen hat sie einen roten lumpen
Einen kuß rot und rot
Auch sie ist draußen sie ist drinnen
Gefressen von der lampe dessen, was sie ist
Menschenfressend o verschlingend das nicht-körperliche
Ihr gesicht ist aus sehr feinem glas, wenn es explodiert

*

Lampe organisch und blau im gras
Im auflodern des geistes, das sehr reine
Moment des baums, in dem sich die wolke verliert
Erleuchtet durch die wunden eines sterns
So schön lebendig enthäutet
Und sein gesicht dieses kind sein verschwundener sohn

Und wenn es lodert sein gesicht ist dieses kind
Gleich einem bißchen wasser in des wassers wüsten
Unter dem baum der substanz mit echten lilien
In diesem garten verbrannt von lebendigen flammen
Letzte lampe, ihr eignes glas entstellt
Von verblendeter einsamkeit
Noch vor den völkern der asche und all diesem wind

*

Der sturm mit seinem sturmgeschmückten gedanken
– Mädchen mit jähzornigem blick, lampe
Zweideutig in ihrem leib, dann zerstört
Im morgengraun all die durchwühlten feinen haare
Das geschlecht geöffnet wie eine jungfräuliche träne

Unerbittlich ist die ferne palme der wolken
Über dem mädchen mit von nesseln tauben händen
Ihr tod in diesem neblig roten land
Wegen des engels des blutes das sie bedeckt
Und ihren busen glänzen läßt

*

Aus seide ist sie aus seide sie ist aus vergessen
Ihre vier lippen im geist, pfeile
Sanft und hart, strahlend – : licht

So dunkel zwischen den mimosen des lichts
Darunter plötzlich hier das sehr reine

Und aus diesem vergessenen verlorenen leib
In seinem duft das blitzen wie von blut
Säule eines styliten nach rosenart
Unter den heeren des nichts die narren die starken
Wolken dann wolken dann wolken
Bruder des adlers, er wird er wird sterben
Dieser leib wie eine mondsichel vom morgen verbrannt
Atmen dann atmen dann sterben
Seine haare aus feuer im gesang.
[...]

[1992]

Adonis (Syrien/Libanon, geb. 1930)

Ein einziges Mal

Ein einziges Mal, ein letztes Mal
Träume ich, an einen Ort zu schweben –

Auf der Insel der Farben zu leben
Wie ein Mensch zu leben
Und die blinden mit den sehenden Göttern zu verweben –

Ein letztes Mal.

Der neue Noah

1
Wir zogen mit der Arche fort, unsere Ruder
Waren eine Verheißung Gottes, und in Regen
Und Schlamm lebten wir und starb die Menschheit.
Wir zogen mit den Wellen fort, und der Raum
War ein Tau aus Toten, an das wir
Unser Leben banden, und zwischen dem Himmel
Und uns war ein Fenster für das Gebet:

«Herr, warum hast du
Unter allen Wesen und Menschen uns errettet?
Und wohin verschlägst du uns, etwa
Auf deine andere Erde, unsere erste Heimat
Im Laub des Todes und Wind des Lebens?
Herr, in uns, in unseren Adern
Fürchteten wir die Sonne, verzweifelten wir am Licht
Verzweifelten wir am künftigen Morgen
An dem wir unser Leben von klein auf wiederholen.

Ach – wären wir doch nicht Keim geworden
Für die Schöpfung, für die Erde und ihre Geschlechter
Ach, wären wir noch Lehm
Oder Glut, ein Mittelding
Um nicht die Welt zu sehen, um nicht
Ihre Hölle und ihren Herrn
Zweimal zu sehen.»

2

Wiederholte sich die Zeit von Anbeginn
Überschwemmten die Fluten das Antlitz des Lebens
Bebte die Erde und eilte Gott
Mir zu sagen, Noah
Rette unsere Geschöpfe –
Ich achtete nicht auf seine Worte
Ließe mich in meiner Arche treiben
Nähme die Steine und den Lehm aus den Augenhöhlen
   der Toten
Und öffnete ihre Tiefen der Flut.
Ich flüsterte in ihren Adern, daß wir
Zurück aus der Wildnis seien, den Höhlen entschlüpft
Und den Himmel der Jahre geändert haben
Daß wir zur See fahren, uns nicht furchtsam krümmen
Und nicht den Worten Gottes lauschen.

Unsere Verheißung ist der Tod
Unsere Küsten eine Verzweiflung, an die wir uns
   gewöhnten
Mit der wir zufrieden waren
Wie mit einem erstarrten Meer aus erzenem Wasser
Das wir bis an sein Ende durchqueren.
Wir fahren weiter, ohne auf diesen Gott zu hören
Und sehnen uns nach einem anderen, nach einem neuen
   Gott.

Heimat

Vor den Gesichtern
Die unter der Maske des Kummers vertrocknen
Verneige ich mich; vor den Wegen
Auf denen ich meine Tränen vergaß
Vor einem Vater, der grün wie eine Wolke starb
Ein Segel auf seinem Gesicht
Verneige ich mich; vor dem Kind, das verkauft wird
Damit man beten und die Schuhe putzen kann
(In meinem Land beten wir alle, wir alle putzen die
 Schuhe).

Vor dem Felsen, auf den ich mit meinem Hunger meißelte
Er möge Regen sein, der unter meinen Lidern perlt,
 und Blitz
Und vor einem Haus, dessen Boden ich vor Verlorenheit
 entführte
Verneige ich mich – dies alles ist meine Heimat, nicht
 Damaskus.

[1961]

Der Ursprung des Sprechens

Jenes Kind, das ich früher einmal war
Kam zu mir
Sein Gesicht aber war
Fremd mir.

Es sagte kein Wort.
Wir gingen nebeneinander her
Und schweigend schaute einer
Den anderen an.

Unsere Schritte waren ein Fluß
Der sich in die Fremde ergoß.

Im Namen jener Blätter,
Die zitternd in die Lüfte ragen
Verbanden uns diese Wurzeln
Und wir trennten uns als Wald
Den die Erde erfindet
Und die Jahreszeiten aufsagen

O Kind, das ich früher einmal war
Komm näher!
Was ist es, das uns jetzt noch verbindet
Und was sollen wir sagen?

Qais

Also sprach stets Qais:
Ich war das Kleid der Menschheit
Und Laila war mein Kleid.

Ich sah
Wie seine Wangen Feuer fingen
Wie er mit ihren Wäldern sprach
Bis tief in die Nacht bereit.

Ich sah
Wie er den Mond auflas
Stück für Stück
Von den Ufern der Schlaflosigkeit.

Baudelaire

Dichtung in meinem Verlangen
Zwischen meinen Augenlidern
Auf meinem Lager.
Dichtung: Haut.

Wie die Erde fremd
Wie die Erde vertraut.

Und das Geschlecht:
Aus Licht ein Hemd.

Der Ursprung der Liebe

Die Liebenden haben die Wunden gelesen,
Die wir geschrieben
In einer anderen Zeit
Unsere Zeit aber malten wir:
Mein Antlitz der Abend
Deine Brauen der Morgen.

Unsere Schritte, ihnen gleich
Sind Sehnsucht und Blut

Jedesmal wenn sie aufwachten, pflückten sie uns
Verwarfen ihre Liebe, verwarfen uns –
Rose, den Winden anvertraut.

Der Ursprung des Geschlechts

Zimmer sinken in Arme
Und das Geschlecht errichtet seine Türme:
Sturz in die Bucht der Trauer
Trauer in der Taille Bucht –

Das Geschlecht öffnet seine Pforten
Und wir treten ein.

Das Feuer verstreute seine Saat
Und die Nacht erntete ihre Kerzen –
Wir ebneten einen Hügel
Schütteten auf eine Grube, flüsterten
Den Weiten zu, die Hände darzureichen...

Der Bitternisse Licht war wie ein Fluß.
Seine Ufer verloren sich, wir machten
Sein Wasser zu unserem Wasser, machten
Unsere Ufer zum Kleid
Für die Liebe seiner Ufer.

Der Ursprung der Begegnung

Ein Mann, eine Frau
In Ihnen begegnen sich Schilfrohr und Klagelaut
In Ihnen begegnen sich Regen und Staub –
Die Trümmer stürzen ein
Und die erloschene Sprache züngelt erneut.

Wer von uns ist die künftige Wolke
Wer von uns ist der Trauer Buch
Dies frag ich –
Deine Augen gehn in die Irre
Dein Antlitz vernimmt keine Fragen.

Ich bin das Ende der Nacht
Ich liebe, um sie erneut zu begehn, um zu sagen
Es trafen sich
Ein Mann, eine Frau
Ein Mann, eine Frau...

[1980]

Körper

Dein Körper ist die Rose an deinem Weg
Eine Rose, die zugleich aufblüht und verwelkt.

Der schönste und reinste Regen
Der die Quellen des Geistes speist
Ist ein Regen, der sich aus den Wolken des Körpers ergießt.

Im selben Moment ist der Körper
Narziß und sein Teich.

Der intimste Freund des Geistes
Ist das Licht
Der intimste Freund des Körpers
Ist der Schatten.

Die Liebe ist ein Körper
Ihr liebstes Kleid ist die Nacht.

Nichts ist undurchsichtiger als ich
Sagt der Körper –
Nichts transparenter.

Das Geschlecht ist ein Nabel
Der den Tag und die Nacht
Zu einem Körper macht.

Jeder Morgen
Hat seinen verborgenen Körper
Er breitet für dich seine Kinderarme aus.

Mein Körper besteht aus Worten
Sie sind verstreut in den Kladden meiner Tage.

Die Tage –
Stuten, die freien Auslauf haben
Auf den Wiesen des Körpers.

Seine Träume sind Vögel, die auf seinem Körper sitzen
Und mit den Flügeln schlagen –
Sie flüstern: Eng ist der Himmel.

Manchmal
Um seiner Dichtung die Farbe des Körpers zu geben
Wischt er die Farben der Wörter aus.

Noch
Ist sein Körper nicht gastfrei für den Tod –
Ist es, weil er immer noch nicht glaubt, er kenne das
    Leben?

Schnee

Schnee:
Selbst die Wolken wissen nicht
Wie sie ihn lesen sollen.

Der Schnee
Knöpft das Kleid der Erde zu
Indem er den Anzug des Himmels aufknöpft.

Schnee!
Ich glaube, ich bin dir ferner als das Feuer
Ich bin dir näher als das Wasser.

Die Zähne des Schnees
Hören nicht auf zu lachen.

Heute
Begrüßte ich den Schnee per Handschlag –
Seine Hand war warm.

Schnee:
Bedeutet er die Verhaftung des Regens
Oder die Befreiung der Wolken?

Schnee:
Weißer Name für den Tod.

[1997]

Fuad Rifka (Syrien/Libanon, geb. 1930)

Gemälde

Oktober:
Vögel ziehen fort,
treues Geäst winkt,
seine Blätter im Wind
sind Tränen.

Das Zeichen

Mit den Tagen
verliert sein Gedicht an Buchstaben,
wird zu einem Flüstern,
zu einem Zeichen –
Windstoß
in den Stengeln des Lorbeers.

Der Dornenvogel liest es
und der Strauch der Quelle.

Sprache

Nackt,
einfach und arm,
Kindersprache
in des Sprechens Anfang
ist seine Sprache:
die Sprache der Tiefen.

Strahlen

In seinem letzten Winter
wandelte er sich.
Seine Worte waren ohne Buchstaben,
ohne Stimme.

Aus seinem Kleid strömten Strahlen
wie der Duft aus den Rosen,
wie die Blätter aus den Wurzeln.

Dichterischer Moment

Warum ist er so blaß,
und warum wird er jeden Tag blässer,
der da ewig steht
an der Grenze zur Dichtung?

Immer wacht er,
denn er weiß nicht, wann der Blitz zuckt
und den Himmel erleuchtet
und woher.

Schöpfung

In den Flußbetten des Körpers
erwacht langsam der Nebel,
wird dichter,
erklingt,
nimmt Gestalt an,
und in einem strahlenden Blick
schimmert das Wunder auf:
Ein Gedicht wäscht sich die Augen
und öffnet die Fenster.

Ein Fischer

In einer schmalen Bucht
wirft er zeit seines Lebens seine Netze aus:
kein Fisch,
keine Algen auf dem Grund,
keine Muschel.
Und trotzdem
jeden Sonnenuntergang zurück in die Hütte,
die Fiedel gestimmt,
und beim Morgengrauen
erneut zum Fischfang
wie der Liebende im Traum
zur Frau.

Eine Bucht

Im Flugzeug
bei den Sonnentempeln
mauerlose Weite.
Er erbebt,
plötzlich weiß er, daß die Erde ein Ort ist,
eine freundliche Bucht
trotz Donner und Erdbeben,
trotz des Wahns.

Quelle

Fern von ihr
dürstet das Auge,
bewässert seine Blätter mit Dichtung.

Nah bei ihr
sind er und sie wie Nachbarn,
werden die Sinne gestillt,
und er schweigt.

Odysseus Frau

Ein Türstock,
darunter eine ergraute Frau,
ihre Blicke ruhen auf dem Meer.

Vor zwanzig Jahren
endete der Krieg
auf den Bergen und zwischen den Inseln,
doch er ist nicht zurückgekehrt.

Sie betet,
verbrennt Weihrauch,
hebt ihre Arme zum Himmel,
und am Abend
webt sie eine Mütze
für seinen Kopf im Winter.

Segel

Nach dunklen Regengüssen
auf den Seen
ein durchsonnter Himmel.
Bienen färben die Karten
für das Augensegel.

Hymne

Die Sehnsucht der Oliven nach der Ölpresse,
die Sehnsucht der Ölpresse nach den Krügen,
die Sehnsucht der Krüge nach dem Öl,
die Sehnsucht des Öls nach dem Brot,
die Sehnsucht des Brots nach den Händen.
Die Sehnsucht der Erde nach dem Himmel,
die Sehnsucht des Himmels nach der Erde.

Der Rosenkranz

Unter der Asche der Falten
er in seinem Bett.
Die Bilder lasten schwer auf seinen Augen,
er lehnt sich an sie
und entschlummert:
vergessen der Rosenkranz
in seiner Hand.

Tagebuch

Ob du geboren bist oder nicht,
du wirst es bereuen.
Ob du erwachsen wurdest oder nicht,
du wirst es bereuen.
Ob du geliebt hast oder nicht,
du wirst es bereuen.
Ob du alt wurdest oder nicht,
du wirst es bereuen.
Ob du starbst oder nicht,
du wirst es bereuen.

Ob du bereust oder nicht:
Du wirst es bereuen.

Tagebuch

1
«Die Nachrichten in Kürze:
Ein Streik lähmt Beirut,
Demonstrationen verwüsten Moskau,
Hungersnot in Somalia,
eine Autobombe explodiert in Madrid,
schwere Kämpfe in Bosnien,
Erdbeben in der Türkei,
Orkane in Neuseeland.»

Er schaltet das Radio aus,
er verdeckt die Wunden,
träumt:
Eine Sonne erscheint,
und über dem Hain
verkündet der Morgenvogel die Zeit.

2
In den Trümmerfeldern von Beirut,
in den Trümmerfeldern von Rom und Berlin
bis Hiroshima,
auf dem Trümmerfeld Erde
immer noch ein Jasminstrauch,
der das Auge überrascht,
ein Abendstern.

[1998]

Salâh Abd as-Sabûr (Ägypten 1931–1981)

Kreuz und Schatten

1
Dies ist eine Zeit aus Überdruß,
Das Blubbern der Wasserpfeife ist Überdruß,
Das Räkeln eines Frauenschenkels auf des Mannes Schoß
  ist Überdruß,
Schmerz hat keine Tiefe,
Denn wie Öl auf Wasser ist er Überdruß,
Reue hat keinen Geschmack,
Denn man trägt die Bürde nur, solange man muß,
Dann senkt sich auch auf sie der Überdruß.
Uns wäscht von Kopf bis Fuß in weißer Unschuld
  Überdruß,
In Unschuld, die in den Höhlen der Reue Gräber gebiert,
Wo wir die Leichen bestatten von Trauer und Gedanken.
Aus diesem Lehm erhebt sich das Skelett
Des Menschen dieser Zeit.
Ich kehrte zurück vom Ozean der Gedanken,
Zwar traf ich Gedanken, doch kehrte ich ohne Gedanken
  zurück,
Ich kehrte zurück vom Ozean des Todes, doch ohne Tod.
Als der Tod zu mir kam, fand er an mir zu töten nichts,
  so kehrte ich ohne Tod zurück.
Ich bin einer, der ohne Fernen lebt,
Ich bin einer, der ohne Grenzen lebt,
Ich bin einer, der ohne Würden lebt,
Ich bin einer, der ohne Kreuz und ohne Schatten lebt,
Ein Dieb des Glücks ist der Schatten,
Und wer im Schatten lebt, den erwartet das Kreuz,
  an seines Weges Neige

Kreuzigt ihn die Trauer, seine glanzlosen Augen werden
  ausgerissen.
O Trauerweide: Tausend deiner dichten Zweige
Würden in der Wüste wachsen, wenn ich zwei Tränen nur
  verlöre.
Du würdest mich kreuzigen, Trauerweide, wenn ich dächte,
Du würdest mich kreuzigen, Trauerweide, wenn ich
  gedächte
Du würdest mich kreuzigen, Trauerweide, wenn ich dir
  brächte
Auf meinen Schultern den Schatten
Und dann aufbräche
Zusammenbräche
Oder siegte?

Der Mensch dieses Zeitalters ist der Herr über das Leben,
Denn er lebt es im Überdruß,
Denn er stirbt im Überdruß...

2
Ihr sagtet mir: In des Nachbarn Geschäft steck deine
  Nase nicht.
Ich aber bitte euch, gebt mir doch eine Nase!
Ich schaue in den Spiegel und sehe mein Gesicht,
Doch eine Nase sehe ich nicht!

3
Unser Seemann rauft sich im Wahn den Bart,
Er ruft den irren Rachegott, sein Herz zu erweichen,
  doch es bleibt hart.
Er beschwört ihn bei seinen Söhnen, seinen nahen
  Verwandten, bei dem Bett,
Auf dem er die Schenkel seiner Frau ergriff und Kinder
  zeugte, Mohammed, Saida und Ahmed

Und Khadra, die Jungfrau, deren Schleier kein Dämon
  oder Mensch noch entweiht'.
Er ruft den zuverlässigen, den guten Gott, daß er ihn
  behüte, damit er das Gebet verrichte,
Damit er den Almosen gebe, das Opfertier schlachte und
  mit dem Gewinn
Kirchen, Herbergen, Moscheen errichte
Für die Armen und Elenden, die Habenichtse der Zeit.
Unser Seemann krallt sich fest an Ruder und Steuer,
Unser Seemann wirft sich nieder aufs Deck und ergibt sich,
Bricht in Schluchzen aus, ohne Tränen, ohne Laut,
Unser Seemann starb vor dem Tod, als er sagte Adieu
Zu den Freunden, zu den Lieben, zum Ort und zur Zeit,
Sein Leben kroch wieder in die Flasche zurück, seine
  Glieder schrumpften,
Sein Leib bog sich und streckte sich auf dem Meridian,
O du unser alter Seemann...
Dein kühnes Herz war immer standfest, weshalb
  erschrickt es jetzt so?
Mit seinen gekrümmten Fingern zeigte er fern nach Osten
  hin,
Sagte: Dies sind die Berge aus Salz und Zinn,
Und jedes Schiff, das ihnen naht, gerät in Strudel,
  zerschellt am Fels,
O welch Unheil... wir nähern uns dem verbotenen Berg,
  er läßt uns nicht entrinnen.
Die Berge hier aus Zinn und Salz, sie sind entdeckt!
O welche Freude! Wir leben auf dem verbotenen Berg!
Wir sterben erst, wenn lange schon wir bis ins Mark
  geschmeckt
Die Zeit der bitteren Erwartung, die uns schreckt.
Nach tausend Nächten einer, unserer, blinden Zeit,
Die schweren Schritts vorüberzog am Blindenstock des
  Für und Wider,

Gab unser Seemann auf den Geist, bevor wir den Berg
   berührten.
Sein Herz flatterte vor Furcht,
Er war unverletzt, ohne Schramme, blutete nicht,
Als unser Berg mit seinem schwachen Körper im Meer
   versank.
Sein Leben kannte weder Sieg noch Niederlage,
Der Seemann unserer Zeit ist der Herr der Meere,
Denn er lebt, ohne einen Tropfen Blut zu verlieren,
Denn er stirbt, bevor er die Strömung bekämpft...

4
Dies ist die Epoche der verlorenen Wahrheit,
Der Ermordete kennt nicht den Mörder noch seines
   Todschlags Zeit,
Und die Köpfe der Menschen sitzen auf den Körpern der
   Tiere,
Und die Köpfe der Tiere sitzen auf den Körpern der
   Menschen:
Taste mal nach deinem Kopf!
Na, wie fühlt er sich an?

Der Heilige

Zu mir, zu mir, ihr Fremdlinge, Verarmten, Kranken,
Ihr mit den gebrochenen Herzen und Gliedern, ich habe
   meinen Tisch zu euch herabgesandt.
Zu mir, zu mir,
Damit wir euch speisen mit der Weisheit
Der Generationen, versunken im Leichtsinn unserer
   angeheiterten Zeit.
Wir brechen das Brot, dann danken wir unserem ruhigen
   Herzen,

Daß es uns gebracht hat zur Küste der Sicherheit,
Wo doch der Verstand unsere Masten in die Irre führte.
Zu mir, zu mir,
Ich reiste umher auf dem Papier, die Spitze meines Bleistifts
War mein Pferd, und nachdem mich Achtlosigkeit und Illusionen
Lange Jahre, im tiefsten Abgrund, in der Finsternis der Logik trugen
Und als die Nacht mich wahnsinnig machte, die Trauernden sich dem Blick entzogen
Und die Brust sich nach Umarmung sehnte
Und die Phantasien die umschmeichelten, die nichts im Herzen hatten,
Suchte ich Zuflucht in meiner kahlen Ecke, bei meinem niedergebrannten Docht
Und holte aus ihren Gräbern angefressene Knochen und Köpfe,
Damit sie an meinem Tische sitzen und ihr Gerede absondern, mal lauthals, mal leise,
Und wenn sie sich langweilen und das Schweigen dauert, regen sie sich trotzdem nicht,
Erst wenn die Pfeile des Frühlichts ausgesandt werden, verschwinden sie wie Illusionen.
Und sie erzählten mir –
Daß ein Fluß kein Fluß sei und ein Mensch kein Mensch,
Daß das Getrillere dieses Stars Musik sei,
Daß die Wahrheit dieser Welt in einer Höhle wohne,
Daß die Wahrheit dieser Welt nichts als zwei Groschen sei in einer Hand,
Daß Gott die Menschen schuf und dann sich schlafen legte,
Daß Gott im Hausschlüssel stecke,
Und einen, der dem Meer ausgeliefert war,

Damit sich sein Bauch mit Seegras, Muscheln und
   Wasser fülle,
Den frage gar nicht erst...
So einer war ich,
Doch eines Morgens
Sah ich die Wahrheit der Welt,
Ich gewahrte die Sterne, die Gewässer und die Blumen
   als Musik,
Ich gewahrte Gott in meinem Herzen.

Denn eines Morgens wachte ich auf
Und warf ins Feuer den Kummer und riß das Fenster auf,
Und im Atemstrom des Vormittags trat ich heraus,
Zu schauen die Passanten auf den Straßen, eilend nach
   Unterhalt,
Und im Schatten der Gärten sah ich Scharen von
   Liebenden,
Und im selben Augenblick
Spürte ich, daß mein fieberhafter Körper pulsierte wie das
   Herz der Sonne,
Spürte ich, daß sich die Schluchten des Herzens mit
   Weisheit füllten,
Spürte ich, daß ich ein Heiliger ward, daß meine Sendung
   ist...
Euch alle heiligzusprechen.

[1961]

Muhammad al-Mâghût (Syrien, geb. 1934)

Worte in Flammen

Ich bin deiner überdrüssig, Dichtkunst, ewiger Leichnam,
Libanon ist entflammt,
er springt umher wie ein verwundetes Pferd am Rande
  der Wüste.
Ich suche nach einer wohlbeleibten Frau,
an der ich mich in der Straßenbahn reiben kann,
nach einem Mann mit arabischen Gesichtszügen, den ich
  irgendwo niederschlagen kann.
Mein Land bricht zusammen,
zittert nackt wie ein Löwenjunges,
ich suche nach einer abgeschirmten Ecke
und einem verzweifelten Mädchen vom Dorf, das ich
  verderben kann.
O Göttin der Dichtkunst,
du dringst in mein Herz wie der Stoß eines Dolches,
wenn ich mir ausmale, ein unbekanntes Mädchen zu
  besingen,
ein stummes Land,
das mit den Ohren ißt und vögelt.
Ich könnte lachen, bis das Blut von meinen Lippen
  fließt,
ich bin eine Blume auf Kriegspfad,
ein Raubvogel, der seine Beute ohne Mitleid schlägt.

O ihr Araber, ihr Berge aus Mehl und Lust,
ihr blinden Äcker aus Blei,
wollt ihr ein Gedicht über Palästina,
über Eroberungen und Blut?
Ich bin ein komischer Kauz, meine Brust ist aus Regen,

in meinen apathischen Augen
sind vier verletzte Völker auf der Suche nach ihren Toten.
Ich war hungrig
und hörte eine traurige Musik,
wie eine Seidenraupe wälzte ich mich im Bett,
als der erste Funke zündete.

O Wüste... du lügst uns an,
wem gehört diese blutige Faust,
das unter der Brücke umarmte Blümchen?
Wem gehören diese geschändeten Gräber unter den
    Sternen,
dieser Sand, der uns jedes Jahr ein Gefängnis oder ein
    Gedicht einträgt?
Gestern kehrte jener Held mit den sanften Lippen zurück,
Wind und traurige Kanonen eskortierten ihn,
seine langen Sporen blitzen wie zwei gezückte Dolche,
gebt ihm einen Scheich oder eine Hure,
gebt ihm diese Sterne, diesen jüdischen Sand!

Hierhin,
mitten in die Stirn,
wo Hunderte von Worten im Sterben liegen,
will ich den Gnadenschuß,
o meine Brüder,
ich habe schon vergessen, wie ihr aussieht,
Leidenschaft weckende Augen, ihr.
Du Gott,
vier verwundete Kontinente sind zwischen meinen
    Brüsten,
ich sann darauf, die Welt hinwegzufegen
mit meinen blauen Augen, meinem Dichterblick.
Libanon... weiße Frau unter Wasser,
o Gebirge aus Brüsten und Nägeln.

Stoß deinen Schrei aus, stummer Mann,
reck deinen Arm,
bis die Achsel reißt, und folge mir.
Ich bin ein Schiff ohne Lasten,
ein mit Glocken behangener Wind
auf den Gesichtern der Mütter und Häftlinge,
auf dem Kadaver von Metrum und Reim.
Ich werde Fontänen von Honig versprühen,
ich werde über einen Baum schreiben oder über Schuhe,
über eine Rose oder einen Knaben,
zieh von dannen, Unheil,
o du schönes, buckliges Kind,
meine Finger sind lang wie Nadeln,
und meine Augen zwei widerspenstige Pferde.
Von heute an gibt es keine Gedichte mehr!
Wenn sie dich niedermachen, o Libanon,
und die Nächte aus Poesie und Streunerei zu Ende sind,
dann schieße ich mir eine Kugel in die Kehle!

1959

Von der Türschwelle zum Himmel

Jetzt,
wo der traurige Regen
mein trauriges Gesicht begießt,
träume ich von einer Leiter aus Staub
und gekrümmten Rücken,
aus Händen, die sich auf Knie stützen,
damit ich hoch in den Himmel steige,
um zu erfahren,
wo unsere ‹Achs› und unsere Gebete landen.
O Geliebte,
sicher werden alle ‹Achs› und Gebete,

alle Seufzer und Hilfeschreie,
herausgepreßt aus Millionen Kehlen und Brüsten
durch Tausende von Jahren und Jahrhunderten,
an irgendeiner Stelle im Himmel gesammelt... wie die Wolken,
und vielleicht
sind ja meine Worte jetzt
schon nah den Worten des Messias –
so laß uns warten, o Geliebte,
bis der Himmel weint.

1970

Traum

Seit die Kälte erschaffen wurde und die verschlossenen Türen,
strecke ich wie ein Blinder meine Hand aus
auf der Suche nach einer Wand oder einer Frau, die mich birgt.
Doch was nützt einer blinden Gazelle die sprudelnde Quelle
und der gefangenen Nachtigall der Horizont, der die Stäbe ihres Käfigs berührt?
Im Zeitalter des Atoms und der Elektronenhirne,
in der Zeit des Parfums, der Popsongs, der gedämpften Lichter,
erzählte ich ihr von den Gesängen der Beduinen
und dem Ritt durch die Wüste
auf dem Rücken eines Kamels.
Ihre Brüste lauschten mir
wie Kinder, die um ein Feuer sitzen
und alten Erzählungen lauschen.
Wir träumten von der Wüste,

wie der Mönch von der Umarmung träumt
Und das Waisenkind von einer Flöte.

Und während ich meinen Blick zum fernen Horizont
 schweifen ließ,
Sagte ich zu ihr:
«Dort werden wir liegen auf azurfarbenem Sand
und schweigsam schlafen bis zum Morgengrauen,
nicht weil wir keine Worte finden,
sondern weil die müden Schmetterlinge
auf unseren Lippen schlafen.
Morgen, Geliebte, morgen
werden wir früh erwachen
mit den Seeleuten und den Segeln,
und mit dem Wind werden wir uns erheben wie Vögel,
wie im Zorne wallendes Blut,
und werden über der Wüste herabstürzen,
wie der Mund auf den Mund stürzt.»
Eng umschlungen haben wir die ganze Nacht geschlafen
mit unseren Händen fest am Gepäck.
Am Morgen aber
sagten wir die Reise ab,
denn die Wüste war in unseren Herzen.

Die Furcht des Postboten

O ihr Gefangenen in aller Herren Länder,
schickt mir alles, was ihr habt
an Schrecken und Heulen und Qual.

Ihr Fischer an allen Stränden,
schickt mir alles, was ihr habt
an Seekrankheit und leeren Netzen.

Ihr Bauern auf allen Schollen,
schickt mir alles, was ihr habt
an Blumen und zerfetzten Kleidern,
schickt alle zersäbelten Brüste
und aufgeschlitzten Bäuche,
schickt alle herausgezogenen Fingernägel
an meine Adresse
in irgendeinem Kaffeehaus,
in irgendeiner Straße auf dieser Welt,
denn ich stelle eine umfangreiche Akte zusammen
über die Leiden der Menschheit,
um sie Gott zu übergeben,
sobald die Lippen der Hungernden
und die Wimpern der Wartenden
ihre Unterschrift darunter setzen.
O ihr Unterdrückten in aller Herren Länder,
Was ich am meisten fürchte, ist jedoch,
daß Gott nicht lesen kann!

[1970]

Sa'dî Yûsuf (Irak, geb. 1934)

Ein Stein

Er war ein Felsen, und ich sprach mit ihm,
er war ein Stein, übersehen,
zwischen meinem Haus und dem Tor zum freundlichen
 Himmel,
ein Stein, den keine Hand berührt,
ein Stein zwischen Tau und freundlichen Sonnen.

Ein Stein für einen Propheten, wenn er spielt,
oder einen Knaben, wenn er müde ist,
für einen Stern, wenn er verlischt,
ein Stein
für den Verfolgten, wenn er sich versteckt,
ein Stein
für mein Land, das mich haßt, ... ein Stein.

Du verbeugst dich zwischen Tau und gewogenen Sonnen,
aber bleibt der freundliche Himmel so,
wie du zu ihm kamst,
ein blauer Stein,
ein Stein mit bläulichen Lippen,
eine Lippe aus Stein?

1975

Das neue Bagdad

Wenn mich die Ausdünstungen billigen Araks umgeben,
kommt sie zu mir mit einem Teller Suppe,
in staubiger Mittagsglut kommt sie zu mir

und bringt mir jeden Abend, den die Nacht mir raubt,
einen Abendstern.

Im Café sitzt sie beim bittersüßen Tee,
und auf dem Markt verkauft sie Käse
und Büffelleber.
Jeder Stand schüttelt ihre verknitterten, zerschlissenen
  Kleider
auf der Suche nach einem Knochen in einem Teller Suppe
oder nach Milch auf eines Kindes Lippen
und einem Blitzen in den Augen,
einem Ding, von dem keine Frau weiß,
und Straßen, in denen kein Wasser schimmlig wird.

Nachts
wandert sie zwischen den verlassenen Häusern der Armen
  umher,
zwischen Kirchen, in denen die Messe erklingt,
und Wohnungen, in welchen zur Mitternacht die Töchter
  der Armen geliebt werden.
Sie kehrt in ihr verhextes Versteck hinter ihren lehmigen
  Straßen zurück,
sie trägt die Speise der Toten
und die Blüten der Myrte,
ein Stückchen Büffelleber
und zwei Knochen für den Teller mit Suppe.
Im Morgengrauen
geht sie von Wohnung zu Wohnung,
weckt alle ihre Kinder
und treibt sie auf die Straße
zu Tausenden – sie erwarten den Marsch auf Bagdad.

                                8. 4. 1975

Ein Aprilstorch

So ist er erschienen,
ohne Trommeln und ohne Musikkapelle,
gelassen, seiner Sache hingegeben,
gelangt er zur Stadt.
Mit dem ersten Blick: die Wahl des Hauses,
mit dem zweiten: der Zweig, der das Nest sein wird,
mit dem dritten: das Nest...
Die Stadt indes
verharrt auf dem Boden,
weiß nicht, warum er kam,
ahnt nicht, was er macht,
und wird nicht verstehen,
wenn ihn der Aufbruch ruft.

Batinah, 3. 5. 1980

Stromausfall

Plötzlich entsinnen wir uns der Nacht auf den Dörfern,
in den Obstgärten,
und daran, um acht schlafen zu gehen.
Plötzlich erkennen wir den Sinn des Morgengrauens,
wir hören die Stimme des Muezzins,
den Hahn
und das friedliche Dorf.

28. 7. 82

Aufbruch '82

Nach einer Weile werden alle Zimmer verschlossen,
und angefangen beim Keller

verlassen wir diese Räume
einen
nach dem anderen.
Schließlich erreichen wir das Dach des Gebäudes,
wo die Mörser stehen,
auch sie lassen wir wie die Räume zurück
und gehen fort,
um auf unseren Karten, in unserem Blut
nach Räumen zu suchen.

26. 9. 1984

Kletterpflanze

In einem Jahr, oder zwei, werde ich den Rand der Mauer
 erreicht haben,
die Erde preßt mich durch meine Adern vorwärts, damit
 ich den Rand der Mauer erreiche.
Und die Sonne
wählt einen Tisch mir
und läßt mich daran niedersitzen,
um mir ihren Kelch voller Erregung darzureichen.
Und die Luft, die durch mich hindurchgeht,
duftet nach mir,
während ich die letzten Schritte zum Rand der Mauer
 zurücklege ...
in einem Jahr, oder zwei ...
Aber ein Vogel, der sein Nest unter meiner Achsel gebaut
 hat, fragt mich:
– Mußt du auch noch die letzten Schritte zurücklegen,
um zerrissen zu werden, durchbohrt, von den Glas-
scherben blutig?
– Wie könnte ich mich selbst festhalten?

Die Erde,
die Sonne
und der Wind
sind es, die mich hochziehen, zu der Mauer Rand.
Tunis, 11.5.1985

Der Tisch

Ein bronzener Fisch,
ein Tagebuch, seit zwei Tagen unbeschrieben,
und Stifte, Stifte, Stifte,
dreißig Stifte,
aber keiner von ihnen ist zum Schreiben bereit –
welches Schreiben auch...?
Die Musik liegt im Stapel der CDs verborgen,
und durch den Garten fällt das Licht eines leicht
   regnerischen Tages hinein.
Nah beim Fenster rankt sich ein Zitronenzweig mit zwei
   Früchten:
einer gelben
und einer grünen.
Die Katze starrt auf den Fisch aus Ton,
der von der Decke herabhängt,
während die griechische Statue fortfährt
in ihrem jahrhundertealten Kuß.

Eine Flöte aus Rohr fließt zwischen meinen Fingerspitzen.

Die Kneipe der Lastwagenfahrer

Der ganze Wein der Welt lagert im Keller.
Trotzdem trinkst du nur den billigsten

oder ein Glas Ricard mit einem Stück Eis
und etwas Wasser.

Du fragst einen, der in der Nacht aus Spanien kam:
Was gibt's Neues?
Und den, der morgen in der Normandie sein wird:
Hörst du diese Gitarre?
Einfach wunderbar...

Doch der, der aus Spanien gekommen ist,
und der, der in die Normandie fährt,
und der Alte, der hinter der Theke steht,
sind sich einig, daß sie dir die Frau vor der Nase
   wegschnappen werden,
mit der du hierhergekommen bist,
um mit ihr ein Glas zu trinken
und ihr sinnlose Dinge zu sagen
und ihr nach einer Weile deine Wohnung zu zeigen...

An der Grenze des Rub al-Khali

Der Sand, der keinen mehr überrascht von uns, seinen
   Söhnen,
dieser Sand schickt uns immer noch seine Monster,
Festungen,
die sich heimlich weiter fortbewegen,
um sich, eines fernen Tages,
höher als die höchste Palme
gegen unsere Gärten zu erheben.
Es sind die Festungen der Auferstehung,
und eines Tages werden ihre Posaunen erschallen.

[1997]

Nadia Tuéni (Libanon, 1935–1983)

Du hast mir den Namen einer Todsünde gegeben,
am Morgen hatte ich ihn verloren.
Ich ernähre auf meinen Mauern fleischfressende Vögel,
ihr Blau täuscht mich nicht,
ihre Schnäbel erdolchen, was bleibt,
wenn auf meiner Wange die Nacht alle Farben vertilgt hat.

Ich werde deine Augen an einem Herbstmorgen
   verkünden,
bis ich verrückt werde,
und dann werde ich sagen, daß die Liebe den Tod verrät.
Wenn die Nacht mich täuscht, anstatt zu herrschen,
werde ich die Erde der Invasion von Worten ausliefern.
Es gibt geordnetes Chaos
aus Blut und irgend etwas,
während die Angst eine einfache Gestalt annimmt
und ich aus einer Geste eine Erinnerung formen werde.
Um die gewaltige Geburt einer Blüte zu wissen
bedeutet, Zukunft vorherzusagen.
Ich werde deine Augen in vielen Leben verkünden.

Heute abend

hat sich die Nacht, die mich beschützt, in der Stadt
   verirrt.
Der Mond ist ein Bild,
heute abend
wird eine Erinnerung, eigensinnig wie eine Brennnessel,
wie das tägliche Brot,

wieder ein Zugvogel auf den Mauern.
Heute abend gibt es Platz für alle Reisenden,
bunte Boote reihen sich vor meinen Augen auf,
eine klangvolle Welt wohnt unterm Regen.
Dein Körper ist der Regenbogen, noch vor der
 Dämmerung,
meine Stimme kreist um den Tod.
Heute abend
durchstreift eine Leidenschaft die Wüste,
geführt von einem heiligen König.
Deine Arme sind von weichem Wasser,
die Nacht, die mich beschützt,
hat sich wieder über dir geschlossen!

Diese Wahrheiten haben gewaltige Farben
wie eine Landschaft;
es gibt keine Schatten auf der Sonne,
nichts ist zärtlicher als der Tod.
Zur Stunde der nächtlichen Dinge
blickt das Auge weiter.
Auf diese Weise bringt der Wind
den vollmondkalten Morgen zurück.
Und dennoch ist die Welt manchmal wunderbar!

O Land der Landschaften,
der Wind und die Vergangenheit vergehen.
Pilger, die ihr aufbrecht, wenn der Himmel noch Kindheit
 ist,
schön ist der Weg unterm Mond
und bleich unser Vorhandensein.

Das Feuer, Vorläufer der Nacht,
könnte es anders sein?
Ich meine das Feuer und die Nacht.

In der Stunde, wenn...
zwischen Farbe und Gestalt,
über unseren Köpfen eine Sonne ohne Identität.

Man benennt den Stein nicht mit Worten.
Der Stein ist ein Bedürfnis, das unsere Augen malen,
dann, wenn wir leben.

Die Körper folgen einander, die Morgen,
die Augen folgen den Augen.
Überall der Vogel,
o meine zerstreute Liebe!

Von einer weißen Stadt zur nächsten
werde ich die Wüste erreichen;
von allen Landschaften ist sie die zugänglichste.

Sie

Ihre Hände sind viehischer Herkunft,
ihre Brustkörbe wachen auf,
der Himmel kreist um ihre Stirnen
wie ein schweres Insekt.

Die Ebene ringsum ist eine Art Erde,
eine Blutlache, die eine Sonne gerinnen läßt,
ein Vogel, närrisch vom Morgenrot,
und den dein Auge nach Belieben jeden Moment verbessert.

Dort, wo du bist,
würde eine Geste ausreichen,
um der Erde und dem Wahnsinn das gleiche Schicksal
 zu geben.
Wenn man alleine ist,
ich meine, wenn man das Blumenweh hat,
wenn man auf Knien um sich selbst herumkriecht,
bleiben nur zwei Augen auf der Mauer.

Wenn man alleine ist
wie ein königlicher Vogel,
auferlegt schon der Tag den Horizont.
Wenn das Kind in Trauer ist,
kreuzigt man nicht zufällig im Morgengrauen.

Wenn man alleine ist
mit dem Regen in einem Wasserglas,
mit einem Schiff am Fenster
und einigen Reisen in Sichtweite,
dann blutet ein Lächeln
auf deinem Gesicht, das fern ist wie eine Narbe.

Wenn man alleine ist,
weder mit einem Haus unterm Mond
noch einem Geruch vom Weg
oder einer Wüste in der Hand,
was tun in solch einem Moment
mit all den sterbenden Wörtern?

Ich rede von einer Jahreszeit

Und während die Nacht sich davonmachte, hatte ich nur einen Gedanken: mit ihr zu gehen. Werden wir alle Lianen des Morgens durchschneiden und alle diese Schlangen, die Licht heißen? Ich versinke im Morast des Windes, und die Vögel laufen herbei, um mir ihren Schrei anzubieten. Ich sage, das ist der Tag, der beginnt, so sehr habe ich Schmerzen in den Augen vor Zärtlichkeit.

Es ist ungesund zu sehen und ungesund zu leben: Einzig der Tod ist in Wahrheit möglich.
Und während sich das Rechte mit Blumen umgibt, schleicht sich der Geruch eines bestimmten Winters in meine Brust ein. Eine ganze Geographie dringt wie der Rauch eines langsamen und nötigen Abends ins Zimmer. Ein Berg entkommt durch das Fenster, und Teile von Sternen verglühen. So enden die großen Epochen der Menschheit.

Ich rede von einer meerblauen Jahreszeit, schön wie ein Kieselstein oder ein Rest Wasser am Boden eines Glases. Ein Element wird ersetzt durch ein anderes, wie die Liebe zu Pferd auf den Ebenen, wie dicke Haare, schwarz wie die Leidenschaft und mit sicheren Bewegungen.

Und während die Stadt, in einen Jugendlichen verliebt, zum Leiden verurteilt ist, mit Augen so durchdringend wie ein Äquator, der sich entfernt, schwillt der Lärm des Ansturms nach Osten an. Möge das Exil sanft sein und sanft in unseren Träumen der Sand am Meer. O Erde, so alt vor Kälte.

Und während eine Hand zum Zeichen der Anstrengung den Horizont bewegt, rede ich von einem Tempel, der älter ist als ein Vater. Sie haben Wurzeln aus Sonne, diese vor Stille trockenen Nächte.

Ein bißchen Universum, ein Baum und ein Weg, was braucht ihr mehr, um die Welt zu zeichnen?

Tretet nicht auf die Spiegel, und möge nichts die Häßlichkeit der Zeit entstellen. Sie werden wiederkommen, die langsamen Trauerzüge der Jahreszeiten und des Hungers, die nach der Röte riechen und vor Torheit weinen. Ich höre sie laufen wie den Regen. Ein wenig weiter entfernt kehrt der Nabel der Welt von einer Reise zurück. Ich bettele um die Zukunft und schaue zu, wie Könige vorüberziehen. Ich habe Arme, um zu verschwinden, wenn ich schlafe vor Angst.

Und während die Stirne wieder blau vor Leben wird, laufe ich dich wie einen Käfig ab. An diesem Tag gab es anderswo Krieg. Anderswo der obszöne Wunsch nach Leben. Die Kinder sind Gärten, der Rest ist unnütz. Ein Himmel um dich herum, ein anderer auf der Erde, und der blinde Wächter ist nirgendwo.

Während unsere Augen von einer überseeischen Liebe glänzen.

[1968]

Saniah Sâlih (Syrien, 1935–1986)

Eine Frau aus Kreide

Sie graben die Zukunft aus den Eingeweiden des Sandes,
und ständig wechseln sie Alter und Stimmung,
um zu sehen, wohin die Zeit geht, die sie lieben,
oder sie reisen in Flammen,
deren Zungen einem einzelnen Jagdhund
von Wundern erzählen;
dies ist das tägliche Ritual zur Befreiung der Zellen.

Eine Frau aus Kreide
umarmt Liebhaber aus Sand,
ohne die Verlustrechnung aufzustellen
oder Trauer und Schmerz zu bedenken.
Sie durchquert Stürme,
steigt in Schnellzüge
und taucht mit der Sturheit Bezwungener,
mit der Gier der Verarmten
in den Bauch des Begehrens.
Wie Rauch steigt ihr Keuchen
aus Adern und Gassen auf.
Verängstigten Dieben gleich
entlädt sie ihre Fracht aus Träumen und Wünschen.

Wie gelangen Frühling und Liebe in einen Körper,
den der Verlust beherrscht?
Wie wird das Wort aus dem zugepreßten Mund gerissen,
wenn das Unglück eine Kugel ist, die von imaginären
    Menschen abgeschossen wird?
Voller Jagdeifer quälen sie das Herz,
und sie folgt ihnen in Höhlen,

und Kreide bröckelt von ihr ab;
Wälder aus Dornen brechen hervor,
und die Nachtigallen lassen ihre Schleier fallen;
die Kinder rennen mit ihren kurzen Pluderhosen los,
die Kindheit verlassend,
und wechseln ständig Alter und Stimmung,
sie schreien,
ein Herz hier, eins dort,
und Züge fahren sie aus dem Wahn des Windes,
aus den Freuden des Feuers.

So war es früher,
aber die Lippen sind rostig geworden,
angerostet ist das Wort,
und die Tinte der Meisterwerke ist vertrocknet.

Ein verheerender Liebhaber

Als Unterlegene
wird die Geliebte
aus ihrer langen Nacht
durch die Mündung der Schornsteine entlassen;
mit ihren Kindern und Pferden
ergibt sie sich dem Wind.
Eine Meute blutrünstiger Liebhaber
macht Jagd auf sie.

– Gebt acht, ihr Liebhaber, sonst werde ich zerrissen:
Ich bin die mehrfache Frau,
ich wurde geschaffen für die große Jagd
aus dem Geschlecht der unterlegenen Geliebten.

Wir steigen zu den Öfen des Daseins herab und schütten
   unser Sternenfeuer hinein,

entdecken unser befristetes Reich
und unsere geplünderte Weisheit,
wir stöhnen wie bei der Geburt.

Los, hetzt mich!
Jagt mich wie die mythischen Recken
auf ihren marmornen Pferden,
jagt mich im Glauben und in Ketzerei,
jagt mich in den Niederlagen,
im Versagen des Gliedes und im Zucken der Muskeln,
jagt mich im Innersten der Bäume,
im Auge der stählernen Stürme,
wo ich mich verberge
wie die Frauen in alten Geschichten.

Die Fenster der Trennung blicken einander an,
und das Wort bohrt sich zwischen sie wie ein Blitz.
O verheerender Liebhaber,
du hast mich gespalten wie ein Orkan,
ich fiel in die Ritzen des Morgengrauens,
und in meinem Abgrund erstrahlte der Wahn.

Sie nagen an mir, als herrschte Hungersnot

Ich spreche wahr,
aber niemand will mein Elend glauben.
Heidnische Götzen nagen an mir,
wie der Haß in Kriegen nagt,
oder als wäre ich ein Bissen Brot in Hungersnöten.
Der Wahnsinn kreist in der Luft,
und eine imaginäre Oper zu Ehren
der Elenden Hugos oder Dostojewskis
kreischt wie ein Spaßvogel über den Köpfen Trauernder.

Gibt es jemanden, der sie in ihr stummes Exil zurückbringt,
oder müssen sie
auf ihren Füßen ohne Knochen fliehen?
Seit der Steinzeit fliegen ununterbrochen Geschosse –
überwinden wir den Engpaß der Geburt,
damit die Nacht uns abschüttelt wie mit einem Peitschenhieb?
Wir rotten alle Sprachen aus,
und die Sorgen verwandeln sich im Kopf in Granit
und im Herz in Felsen.
Ich betrüge die Himmelsrichtungen alle
und täusche die Katastrophe,
ich ergreife meine Seele und entlasse sie durch das Fenster ins Freie
wie die Taube, die nicht wiederkehrt.

Millionen Frauen sind deine Mutter

O Wald, den mein Körper in Brand gesetzt hat,
Komm näher,
überwinde das Unüberwindliche,
wispere dein begrabenes Rauschen in meinen Mund,
in mein Ohr,
in alle meine Poren.
Lüfte den Schleier deines Aufbegehrens
und erblühe
unter der durchlöcherten Kuppel eines verfallenden Körpers.

Ist der Winter nicht streng? Und die Zeit
und der Schnee, der Regen und die Stürme?
Aber, ach, wie schön ist es, wenn sie überstanden sind!

Ich wußte nicht, daß das Vergessen zwei Beine hat,
trotzdem läuft es hin und her wie ein wildes Pferd,
in der Erwartung, daß die bronzene Rose
von oben aus den Zweigen fällt.
Wenn sie auf seinem Rücken landet,
fliegt es mit ihr davon,
oder es zertrampelt sie unter seinen Hufen.

O Wald, der in meinem Körper erblüht,
Fürchte dich nicht,
ich habe meine Seele versteckt
in dir oder zwischen zwei Teilen, die so stark sind wie
    Heere
(wenn auch die Heere uns nicht kennen noch beachten).
Versenk deinen Kopf in mir,
durchbohre mich,
bis unsere Knochen ineinander verschmelzen.
Seien wir Nachbarn,
verbunden wie die beiden Kammern des Herzens.
Berühre mich, wie Gott den Lehm berührt hat,
damit ich wie die Menschheit erstehe.
Wie könnte ich fliehen, Liebste,
wenn das Feuer meines Herzens sich in alle Richtungen
    ausdehnt,
im Reden und im Schweigen,
damit du millionenmal geboren wirst
in den fremdartigsten Jahrhunderten,
o mein blonder Wald,
binde deine Angst an meine Angst,
führe deine Knochen in die Schächte meiner Knochen,
sammle dann die Reste deines Körpers und geh vorüber.
Vor dir werden lange, enge Gänge auf dich warten,
und im engsten wird die Wahrheit verborgen sein,
Vorsicht, vergiß nicht, daß du gehst,

um zu schreien
und dich zu verweigern,
nicht um dich zu verneigen.

Da rücken sie vor, die Geister aus dem Diesseits,
versteckt euch
und schaut heimlich durch die Fensterritzen
oder Schlüssellöcher
und klatscht immer Beifall, wenn ein Gott vorbeigeht,
oder klettert auf die Brüstung der Lastwagen
und ruft: Das Blut des Mondes ist von seinem Blut,
sein Fleisch ist aus seinem Stoff,
aber wann wirst du kommen, damit ich dir heimlich sage,
welcher der wahre Gott ist?

Der grausame Regen spielte Militärmusik
und feuerte seine Kugeln auf die Wurzeln
(wie wurdest du inmitten dieser Schlacht geboren?).

O du mein Gott, befiehl dem Tal,
daß es uns zur ursprünglichen Quelle bringe
und dem Berg, er führe uns zum wahren Gipfel,
und wenn die große Finsternis vor der Peitsche flieht,
die Wahrheit auf der Schlachtbank des Henkers kauert,
das Alphabet sich umkehrt in tyrannische Gesetze
und die Dichter in Staub auf den Pulten,
werde ich meine Zeit einwickeln und in meiner Brust
  verstecken.
Wenn ich dann meinen Schatten sähe, glaubte ich, ich
  kröche,
um am trockenen Brot der Hungersnot zu nagen,
aber zwei Füße aus Stein können nicht schreiten.
Dieser Mittag ist wie Zement,
Säbel aus Frost, die Glieder abhacken,

Seelen mit dem Geschmack von Brot, auf denen die Luft
   kaut,
Millionen nackter Frauen, die sich im Regen waschen
und sich der Sintflut ergeben.
Millionen Frauen sind deine Mutter, meine Kleine,
sie lösen den Faden des Horizonts,
damit der Tod wie der Schlaf nur befristet ist.
Laß uns die Sklaven und Entrechteten exhumieren
und die Herren des Hungers begraben,
die Quellen öffnen ihren weißen Mund
und stoßen ihren gequälten Schrei aus
(und den schauerlichen Abschied der Seele).
Trotzdem lassen die Quellen in ihren Spuren
Geranien und damaszener Rosen zurück.

Die Vorübergehenden rufen:
Unsere Seelen wurden vergewaltigt
und mit gefälschten Dokumenten
auf fremde Brüste verteilt.
Die Flut gebar sie wie eine Frau,
doch sie sind nicht die Kinder dieser hohen Wälder,
Jahrhunderte schliefen sie im Bett der Flut,
und doch gebärten sie nicht.

Welche jähzornige Kraft
reißt die Föten rücksichtslos aus unseren Bäuchen?
Laßt die Flut
das Bett unserer Einsamkeit weben.
Was macht ihr Tier, wenn es strauchelt
und der Winter es mit seinen Flügeln schlägt wie ein
   Raubvogel?
In ihrem Leib sind Millionen Wellen,
die uralte Sehnsucht nach der Erde
und die ertrunkenen Matrosen –

mit ihren durchscheinenden Rippen
schreiten sie aus dem Tor der zeitlichen Gewässer
mit schärferem Blick,
sie sagen,
die Wälder, die ins Innere des Meeres eingetreten sind,
werden sich wieder belauben, denn ihr Herz stirbt nicht.
So also, wenn die Zeit ihre Tür vor allen verschließt,
betrete ich ergeben den Zug des Todes,
halte den Faden der Verborgenheit fest und ziehe an ihm,
bis mein imaginäres Selbst erscheint,
dies Selbst, von der Gebärmutter der Spiegel zur Welt
  gebracht
mit ihren dunklen, fürchterlichen Worten,
doch die ängstlichen Körper sondern aus, was sie rettete.
Da öffnet sich das Tor des Friedens
zwischen Erde und Paradies.
Das Leben allein nimmt uns fort und bringt uns zurück,
der Tod benahm sich wie ein Held,
und die Würmer starben aus.
Der menschliche Stein barst entzwei,
um neue Geschlechter zu gebären,
ich aber,
ich sperre die fruchtbaren Eier
in meiner Gebärmutter ein,
damit sie auf diese Weise leben können, jungfräulich,
damit nicht zwischen Kugeln eingepfercht wird der
  Frühling.

                                      Damaskus [1985/1988]

Shauqî Abî Shaqrâ (Libanon, geb. 1935)

Die Republik der Pferde

Wäre ich der Präsident der Republik, würde ich die Pferde in den Adelsstand erheben und ihnen weite Ebenen und goldene Hufe geben sowie Löffel, Messer und Gabeln und silberne Taschentücher. Ich würde ihnen Rundfunk und Gärten geben und ihre Haare lang lassen.
Ich würde die Füchse verhaften lassen und für sie Sättel anfertigen lassen, so daß sie die Pferde sind, und die Hühner wären ihre Reiter. Und wenn ich pfeife, rennen sie los, und das Volk freut sich, man schließt Wetten ab und applaudiert, und ich bleibe euer Präsident bis in alle Ewigkeit.

[1971]

Das Kaffeehaus

Die Träne ist das Kaffeehaus der Freunde, Kladde des Gesichts und der gerunzelten Gedanken, ein Rieddach gegen die Sonne.

Das Gedicht

Ein Wasserloch, ein Wintergedicht, in seiner kleinen Sammelstelle ertrinkt kein Kind. Wir stellen uns vor, es sei ein See, und zeichnen ihn auf die Landkarten ein. Wir hängen meine Hose als Fahne für ihn auf und lassen das Papierschiffchen los.

Das Chamäleon

– Am Feiertag hat die Sonne nicht geschlossen, und die Kinder kaufen sich Felder.
– Die Schachtel ist zerbrochen, das Licht ist aufgegangen, die Frau hat geschrien, die Schere, die Knöpfe und die Makkaroni sind gerannt.
– Wer Chemie liest, verbrennt sein Kleid, dessen Chamäleon wird grün, auf den setzt sich eine Ente.
– Der Teller war voll, es war Flut. Die Hochsprache war, und es waren die Buchstaben. Ich ergriff ein Pferd und machte mich davon.

Gott

Der Winter ist immer bei uns, wie Gott.

Wir pflücken seine Asche wie wilde Zichorien, wir kochen Nebel und Bilder, brauen den Montag als Weizen, wärmen uns an Dienstag und Mittwoch und rösten den Freitag als Kastanie.

Die Kohle steht zum Verkauf für die Kartusche der Masken, zum Anzünden, zum Ersticken, für das Schreiben; Heizöl und Waffe sind zwei Löwen, die den Eingang schmücken, und der Winter löscht nicht die Raketen, wir halten ihn fest wie einen Vogel, für die Heizung.

Der Krieg ist eine Heizung.

Die Kanone läutet wie Glocken, und Gott steckt in seinem Mantel, barfuß, ein Poet, dem die Gebetskette des Gedichts entgleitet, deren Perlen und Zeilen weglaufen wie Ratten.

[1979]

Wenn die Dämmerung zunimmt

Die Langsamkeit und der See,
und daß nicht du kommst,
sondern ein Fisch,
nicht die Verwandten und das Scheppern von Tellern,
sondern die Liebe
und eine verschlossene Schnupftabakdose,
eine Zikade auf einem Rosenblatt
wie ein Kuß,
und wenn die Dämmerung zunimmt,
nehmen wir das Wort in Arrest
und zählen die Zeit,
Sekunde für Sekunde,
bevor die Sterne erscheinen.

Wir tun einen falschen Schachtelzug

Nur auf das Leben kommt es an,
darauf, die Zeit aus einem Laden zu stehlen,
wo sie in ein verschlossenes Regal gereiht ist.
Darf es die Seife sein oder dies Fläschchen?
Die Arbeiter spießen die Erde auf,
und ein leuchtender Himmelskörper bindet uns, die Kuh
   und das Pferd, zusammen.
Wir sind vertraut mit unseren Hufabdrücken
und den Seeleuten des Festlands, die die Kiesel mit Füßen
   treten,
die die Wege beschützen und eine Biene unter sich
   aufteilen.
Wir inkarnieren uns im Rätsel und erklettern die Welle,
und aus der fernsten Kneipe ertönen unsere Stimmen,
die Majestät des Sturmes verkündend,

und das Boot tadeln wir, wenn es endet,
wir lassen niemanden auf die Brücke
außer dem Tabak, der um den Mast gewickelt ist.
Wir sind voll von dem Öl der Reise und des Wals,
vom Fett aus dem Blut unserer Arme,
und wir fürchten, in die Freiheit zu schlittern
und daß uns die Falle dankt, wenn wir hineintappen,
und daß wir das Süßholz und den Wind festnehmen,
einen falschen Schachtelzug tun
und alles auf die Paradiesjungfrauen setzen.

[1995]

Unsî al-Hâdj (Libanon, geb. 1937)

Die Wolke der Sonne

Die Hand an ihrer Hüfte macht sie zur Rose,
der Wind in ihrem Antlitz zum Schmetterling.
Das Lachen macht sie zur Welle,
und die Trauer läßt sie als Sonne hinter einer Wolke,
die sie vor Dieben schützt.

[1970]

Ich bin schön

Die Schauspieler gingen fort, bis auf einen, der den Sufismus studiert; er gab mir einen Termin im Luftstrom.

Auch außerhalb der Aufführung zählen die Schauspieler zu denen, die sich mit Fortschrittlichkeit maskieren.

Ich bin gut im Arabischen, ich schreibe es von links nach rechts und umgekehrt, von oben nach unten und umgekehrt. Meine Ausdrucksweise läßt nur wenig zu wünschen übrig, und ich schreibe deutlich.

Ich hielt dem geschminkten Schauspieler eine persische Geschichte vor die Nase. Sie übersahen seinen Namen im Programm, getreu ihrem unflexiblen Gesetz.

Ich habe mich einer Lüge dieser Art erst im letzten Moment entgegengestellt, und ich glaube, beobachtet zu haben, wie er ein perverses Lächeln vortäuschte.

Wie gewöhnlich versprühte ich etwas Zwietracht auf die Verwunderung, auf die Ruhe, auf die Sicherheit und das Vertrauen.

Und hier die Quintessenz:

Irgend etwas kann die Annullierung von irgend etwas sein. Ein Lied, ein Angesicht, das sprechen wird, ein Tanz oder ein Donner. Zwischen den Musikinstrumenten besteht kein Unterschied, solange es nur auf das Geräusch ankommt. Als Moderator dieser Illusionen verzichte ich nicht auf den Lautsprecher. Ich höre, wer singt, und singe.

Und was mich betrifft: Ich habe Nebel aus den Instrumenten und Instrumente aus dem Nebel. In mir sind ein Ritter aus Schrecken und die Innenausstattung eines Schlosses.

Mein Blick hat einen Körper, das Gras ist mein Gras, und der Abwesende ist wie vorher und wie ich sagte, er wartet auf mich.

Dabei fällt ihnen ein: Ich habe sie verlassen.

Ich habe sie verlassen, dann komme ich wieder zu ihnen, ich bin das, was sie sagen, und das Gegenteil davon, das, was sie nicht sagen, und das Gegenteil davon. Keine Wolke kam vorbei, als ich mir nahm, was des Kaisers ist und was Gottes ist, und sie mir den Rest gaben.

Und was diesen betrifft: Ich stehe nicht am dritten Tag wieder auf, sondern wache aus dem Bewußtsein auf und will keine Jünger. Meine Art zu sprechen kommt nach der Teilnahme. Lärmende Hände stülpen die Gebärmutter des Lebens um.

Stück um Stück beutete ich aus, was ich vorfand, und druckte die Frauen als Einleitung. Ich kratzte von allem die Brustbeeren der Vision.

Der Galopp galoppiert, und die Lähmung ist zwischen mir und mir. Die Gasthäuser kehren bei mir ein. Ich bin nicht einfältiger und nicht heißer, sondern mehr. Die Theorien werden auf mich angewandt und brechen zusammen, in meinem Stift ist ihr Ursprung. Ich bin nicht das Kind einer Generation, sondern ich bin die verschiedenen Blickwinkel. Vorher, nachher, seit alter Zeit und in Zukunft.

Seit einigen Momenten bin ich tot und auferstanden, tot und auferstanden, tot und auferstanden. Ich bin schön.

Gegenwart

Du wirst mein Standbild am Gebäude der Rechtsgelehrten sehen und im Bezirksrathaus des Universums.
Und ein Musiker wird dann das Schwert der Harmonie zwischen der Erregung und dem Sägenden gefunden haben.

Zuerst habe ich gesagt: Ich fürchte mich! Jetzt sage ich: Los!

Ich bin Zeuge für die Jahrhunderte, und morgen, wo ihr dem Unbekannten und dem Bekannten begegnen werdet und einem nicht Unterschriebenen und dem Übrigen, das bekannt ist, werdet ihr spüren, daß ich all diese Ereignisse längst erzählt habe.

Ihr habt meine Stürme durchgemacht und alles, was danach kam, und ihr werdet mit mir eure Stürme durchmachen und eure Ruhe. Ich lebe in euch ohne Frieden für mich und ohne Gefahr. Ich sterbe getrost und erstehe beruhigt wieder auf.

Und ich störe euch nicht.

Wir haben die Welt geändert

Die Russen, die Mechaniker, die Araber, die Jesuiten und die Juden, die Frauen, die Einheitsbekenner, die Jungen, die Alten, sie stellen mich an die Wand und erschießen mich.

O du armselige Erde. Adieu!

Du wirst deportiert werden, und ich werde dich zwischen den Sternen sehen, wenn der Gang der Nicht-Geschichte durch die unterirdischen Gänge und Nerven vollzogen sein wird.

Wir, die Dichter, haben die Welt geändert, uns entsprechend.

[1965]

Vénus Khoury-Ghata (Libanon, geb. 1937)

Für May Ménassa

Man lehrte uns den Stimmen zu mißtrauen die den
 Schnee zu einem festgesetzten Zeitpunkt durchdrangen
um von links nach rechts mit uns zu sprechen
als kämen wir von der dunklen Seite der Erde
vom falschen Ende des Alphabets

als müßten unsere Mauern das Draußen beherbergen
die Interessen der Kälte verteidigen
den nackten Raum dessen beschützen der in Salpeter
 gekleidet ist.

Die Gesichter der Jahreszeiten die sich an unsere Scheiben
 preßten waren unkenntlich
sie behaupteten Gefangene unserer Spiegel zu sein
Zuschauer unseres stummen Theaters.

Wir warfen ihnen unsere alten Kleider hin
wir überließen ihnen die Reste unserer eingedampften
 Mahlzeiten.

Alles war nur Schau und Augenwischerei
das Haus war trügerischer Schein
sein Balken Spieglung von Laternenlicht
und die Kastanie sagte dem Wind diesem Souffleur den
 immerselben Text auf.
Eindruck von Verfall der zur gebleichten Wäsche unserer
 Mutter paßte
zum überspannten Gerede meines Vater der durch die
 Luke mit Gott sprach.

Gaukelspiel und vorgetäuschte Begeisterung
allein die Schmerzen des Gekreuzigten waren wirklich
der zu festgesetzten Zeiten von der Mauer hinabstieg
und auf dem Verputz die unauslöschliche Spur seiner
 ausgebreiteten Arme hinterließ.

Wir haben unsere Verzweiflung dem Wacholder und dem
 Stechdorn erklärt
unseren einzigen Vettern in einer Fremdsprache
wir haben an der Schulter des Granatapfelbaums geweint
 der jeden Monat auf unserer Schwelle blutete

Wir haben den Wald um Anhörung gebeten
und das Zeugnis zweier Amseln beigebracht die gesehen
 haben wie wir das Wort Ziege
von links nach rechts und von rechts nach links schrieben
wir haben das Alphabet besiegt

Unser Schuster sprach Sanskrit
der Pfarrer und die Gosse sprachen Latein

Man warf uns unsere Unwissenheit in der Vogelkunde vor
dennoch kennen wir den Namen eines jeden Sterns und
 seine korrekte Zeichensetzung auf der Seite des
 Himmels.

Für Norma Bosquet

Wir kannten ein Alphabet der Felder
das in der Höhe außer Atem kam
und schwankte wie die Eisenbahnen in der Mongolei

Unser Alphabet sprach aramäisch, um mit der Landessonne ein Gespräch führen zu können

Wir befanden uns in der Enge zwischen A und Z
Wir hatten keine gute Beziehung zu den Akzenten
und waren nicht geeignet die Kommata unter den Zeilen
 einzusammeln

Dennoch hatten wir uns mit ihren Vögeln verbündet
unsere Türen für ihre Winde geöffnet die keine zwei
 Worte herausbrachten
und sich damit begnügten in unseren Mauern zu kreischen.

Den Heiligenbildern luchsten wir Küsse ab
flüchtige Umarmungen dem Kirschbaum
Schweife dem Nebel auf unserer Schwelle

Wir waren Plünderer in der Zeit der Dürre
Diebe zu Zeiten von Regen und Flüssen die sich in
 unseren Zimmern rankten
Wir haben zahlreiche Delikte im Einvernehmen mit den
 Engeln begangen
Räucherstäbchen den Zypressen geraubt
die Kreide der Dämmerung
die Tränen den Friedhofsmauern

Großsprecherisch fabulierten wir
knöpften der Uhr Minuten ab
und sagten unser Zeitalter rückwärts auf.

Die Wolken spielten bei dieser Geschichte keine Rolle
ihr Schatten auf den Dächern war nicht notwendig für die Einheit von Ort und Zeit
sie dienten als bloßes Hilfszeichen für denjenigen der den Nachtigallen die Algebra beibrachte

So fadendürr war das Dorf
es genügte eine Leiter an ein Stück Himmel zu stellen um dorthin zu gelangen

Fadendürr die Pappel
wird sie auf französisch dieselbe sein
wird sie auf einen Namen hören der womöglich nicht zu ihren Zweigen paßt
gewohnt wie sie sind mit einem arabischen Wind zu sprechen
der den Herbst eine Woche zurückhielt um ihnen zu erlauben
die Verbuchung ihrer Blätter abzuschließen.

Der Kreislauf des Kummers endet unter der Sohle des Erzengels
der einen Flügel verloren hat
und verzweifelt seine Hände betrachtet
die Toten in ihrer leichten Wäsche graben sich unter ihren Stelen ein
seit die leidenschaftlichen Inschriften zu Eis geworden sind.

Amal Dunqul (Ägypten, 1940–1983)

Gebet

Vater unser in der Staatssicherheit,
Wir sind deine Herde, und alle Macht
Sei ewig dir geweiht.
Ewig sei das Reich im Himmel unser,
Und der, den du bewachst, hab ewig Angst.

Du allein lebst in Sorglosigkeit.
Der Rechte kommt zu Schaden, der Linke, der geht baden.
Mit Ausnahme derer, die gleichgeschaltet sind,
Mit Ausnahme derer, die mit der käuflichen Presse ihre
    Augen verstopfen und erblinden,
Mit Ausnahme derer, die denunzieren!
Mit Ausnahme derer, die ihre Kragen mit den Krawatten
    des Schweigens zieren.
Du bist hochgeadelt. Was kümmert dich, wer dich tadelt?
    Die Gegenwart gehört dir.
Der Sträfling steigt bis an des Thrones Schwelle,
Der Thron wird ein neues Gefängnis, du bleibst an deiner
    Stelle:
Ändern sich auch Bild und Namen, im Wesen wirst du dir
    stets gleichen,
Schweigen ist dir eintätowiert, Schweigen ist dein
    Zeichen.
Es lastet auf dir, wohin du auch gehst.
Das Schweigen im Netz deiner klebrigen Hände hat den
    Schmetterling mit der Spinne verwebt.
Vater unser in der Staatssicherheit!
Wie könntest du sterben, solange das ewige Lied der
    Revolution lebt?

Und sie begann zu weinen

Er saß in dieser Ecke der Bar
und schrieb, die halbnackte Frau
wandelte zwischen den Tischen hindurch, bot sich und
   ihre Künste feil.
Als sie ihn fragte nach dem Krieg,
erklärte er:
«Um deine werten Schätze brauchst du nicht zu bangen,
unser Feind ist ganz wie wir:
Er beschneidet seine Söhne,
liebt alles, was das Ausland bringt,
verabscheut Fleisch von Schweinen,
und für Gewehr und schöne Frauen zahlt er viel!»
Und sie begann zu weinen...

Er saß in dieser Ecke der Bar,
als sie an ihm vorüberging, lud er sie ein,
sie sagte ihm, sie kann nicht lange bleiben,
seit morgens früh durchsuche sie die Lazarette
nach ihrem Bruder, der dort eingekesselt war
am anderen Ufer des Suez (das Land ist wieder heim-
   gekehrt, doch er kehrt nicht zurück!).
Und sie erzählt, wie sie, sein ganzes bittres Fortsein lang,
die Last auf ihren Schultern trage
und wie sie – wenn er kommt – in reichen Kleidern will
   erscheinen,
und zeigte ihm ein Bild von ihm
mit seinen Kindern an einem der festlichen Tage,
und sie begann zu weinen...

                                              [1975]

Das Bett

Sie gaukelten mir vor, daß dieses Bett mein Bett sei,
daß die Barke Res
mich tragen wird über den Schlangenfluß,
um mich am Morgen noch einmal zu gebären...
  wenn Re, Sonnengott, erstrahlt.
Auf Hochglanzpapier
steht, ohne Namen, meine Nummer,
mein Blutbild
und der Name der unbekannten Krankheit.
Sie gaukelten es mir vor, und ich glaubte.
Dieses Bett hielt mich für so seelenlos, wie es selbst ist,
und umschmiegte mich mit seinem Stangengerippe.
Lebloses schloß sich um Lebloses, um es vor der
  Begegnung mit den Lebenden zu schützen!
Ich und das Bett wurden
ein Körper... wartend auf das, was uns bestimmt ist!
Während unzähligen Nächten wanden sich
die Arme aus Metall um mich
und griffen sogar in meinen Blutkreislauf ein,
doch dann konnte ich mich wieder im Schlaf hin und her
  wälzen, meine Lage wechseln
und mit meinen Händen nach dem Essen langen.
Da erkannte das Bett meinen Verrat
und begann zu zittern!
Es verkroch sich in sein Schweigen und zog sich wie ein
  Igel zusammen.
Ich sagte: Mein Herr, warum bist du mir böse?
Es sagte: Du wagst es, mich anzureden?
Denen, die auf mir vorübergehen,
antworte ich bloß mit Stöhnen.
Wir Betten machen keinen Unterschied zwischen den Körpern,
wir Betten sind immer da,

die aber, die auf uns schlafen, stehen schnell wieder auf,
um im Strom des Lebens zu schwimmen
oder in den Strom der Stille zu tauchen.

Privatgespräch mit Noahs Sohn

Noahs Sintflut ist gekommen!

Stück um Stück versinkt die Stadt,
die Vögel suchen das Weite,
und das Wasser steigt:

> über die Treppen der Häuser, über die Schenken, die
> Postämter, die Banken, die Statuen (unsere verewigten
> Vorfahren), die Tempel, die Kornsäcke, die Geburts-
> häuser, das Gefängnispförtnerhäuschen, das Regie-
> rungsgebäude und die befestigten Kasernen.

Die Vögel ziehen langsam fort...
einer...
nach dem anderen...
und die Gänse treiben auf dem Wasser,
Möbelstücke,
Kinderspielzeug
und das Schluchzen einer verzweifelten Mutter.
Kleine Mädchen winken von den Dächern.

Noahs Sintflut ist gekommen!

Da fliehen die «Weisen» alle aufs Schiff:

> die Sänger, der Stallknecht des Prinzen, die Wucherer,
> der oberste Richter (und sein Sklave), der Schwertträger

und die Tänzerin im Tempel (wie froh war sie, als man
ihre Perücke aus dem Wasser barg), Steuereintreiber,
Waffenimporteure und der Geliebte der Prinzessin mit
seinen strahlend weibischen Gesichtszügen.

Noahs Sintflut ist gekommen!

Da fliehen die Feiglinge alle aufs Schiff,
während ich...
    während wir, die Jungen der Stadt, die widerspenstigen
      Hengste der See zügelten,
das Wasser auf unseren Schultern trugen,
mit der Zeit um die Wette liefen
und steinerne Wälle bauten,
    vielleicht retten wir noch die Kultur und die Jugend,
    vielleicht können wir die Heimat ja retten!

Der Herr der Arche schrie mir zu, bevor die Stille
    hereinbrach:
Rette dich aus dem Land, keine Seele ist mehr dort!
Ich sagte:
Gesegnet sei der, dessen Brot man aß
in Zeiten des Wohlergehens
und dem man den Rücken zukehrt
am Tag der Heimsuchung!
Wir hielten stand: Uns gebührt der Ruhm
(und Gott merzte unsere Namen aus),
wir bieten der Zerstörung die Stirn
und retten uns auf Berge, die nicht vergehen
(sie werden «Volk» geheißen),
wir lehnen es ab zu fliehen,
wir wollen keine andere Heimat suchen!

Mein Herz, das Wunden webten,
mein Herz, das die Kommentare verfluchen,
ruht jetzt auf den Trümmern der Stadt,
eine Rose aus Fäulnis, zur Ruhe gekommen,
nachdem es «nein» sagte zur Arche
aus Liebe zur Heimat!

[1983]

Mahmûd Darwîsh (Palästina, geb. 1941)

Nicht mehr und nicht weniger

Ich bin eine Frau, nicht mehr und nicht weniger,
ich lebe mein Leben, wie es so ist,
Faden für Faden,
und spinne meine Wolle, um sie zu tragen, nicht
um Homers Geschichte zu vollenden oder seine Sonne.
Und ich sehe, was ich sehe,
wie es ist, in seiner Form,
obgleich ich auch, von Zeit
zu Zeit, in seinen Schatten schau,
um des Verlustes Puls zu spüren.
So schreib du morgen auf das Blatt von gestern.
außer dem Echo, kein Laut.
Ich liebe die nötige Dunkelheit
in den Worten dessen, der reist, nachts,
zu den Vögeln, die über den Hängen der Sprache
    verschwanden,
über den Hängen der Dörfer.
Ich bin eine Frau, nicht mehr und nicht weniger.

Die Mandelblüte läßt mich im Monat März
von meinem Balkon fliegen
aus Sehnsucht nach dem Wort der Ferne:
«Berühre mich, damit ich meine Pferde
zur Wasserquelle führe.»
Ich weine ohne klaren Grund und liebe dich
so, wie du bist, nicht als Stütze,
aber auch nicht umsonst.
Von meinen Schultern erhebt sich ein Tag für dich,
und auf dich senkt sich die Nacht, wenn ich dich umarme.

Ich bin nicht dies oder jenes,
nein, keine Sonne, kein Mond,
ich bin eine Frau, nicht mehr und nicht weniger.

Sei der Qais der Sehnsucht, wenn du willst,
mir jedoch gefällt es, so geliebt zu werden, wie ich bin,
nicht als buntes Bild
in der Zeitung oder als vertonter
Gedanke in einem Gedicht zwischen Hirschen…
Ich höre Lailas weiten Schrei
aus dem Schlafzimmer: Laß mich nicht
als Geisel des Reims in den Nächten der Stämme zurück,
laß mich nicht als Geschichte zurück…
Ich bin eine Frau, nicht mehr und nicht weniger.

Ich bin, die ich bin, wie du
bist, der du bist: du wohnst in mir,
und ich wohne in dir, für dich und hin zu dir,
ich liebe die nötige Klarheit in unsrem gemeinsamen
   Rätsel,
ich bin dein, wenn zuviel Nacht ich bin,
doch ich bin kein Land
und keine Reise.
Ich bin eine Frau, nicht mehr und nicht weniger.

Es ermüdet mich,
die Rolle des vollmondschönen Weibes zu spielen,
und Saite
um Saite
wird meine Gitarre krank.
Ich bin eine Frau,
nicht mehr
und nicht weniger!

[1999]

Am letzten Abend auf dieser Erde

Am letzten Abend auf dieser Erde schneiden wir unsere Tage
Von unseren Bäumchen und zählen die Rippen, die wir bei uns tragen,
Die Rippen, die wir zurücklassen werden, hier... am letzten Abend,
Von nichts Abschied nehmend, und finden nicht die Zeit, aufzuhören...
Alles bleibt, wie es ist, aber der Raum ändert unsere Träume
Und seine Besucher. Plötzlich können wir nicht mehr spotten,
Und der Ort ist bereit, den Staub zu bewirten... hier am letzten Abend,
Wir genießen die wolkenverhüllten Berge: Eroberung und Gegeneroberung,
Und eine alte Zeit, die dieser neuen Zeit die Schlüssel für unsere Tore überreicht.
So tretet ein, Eroberer, in unsere Häuser, trinkt unseren Wein
Aus unseren einfachen Stanzen. Denn um Mitternacht sind wir die Nacht,
Kein Morgenrot wird von einem Ritter gebracht, der aus der Gegend des letzten Gebetsrufs kommt.
Unser grüner Tee ist heiß, trinkt ihn, unsere Pistazien sind frisch, so eßt sie,
Unsere Betten sind grün vom Zedernholz, so ergebt euch dem Schlaf
Nach dieser langen Belagerung, und schlaft auf den Federn unserer Träume,
Die Laken sind gerichtet, die Essenzen stehen an der Tür bereit, und die Spiegel sind zahlreich.

Tretet ein, damit wir sie endgültig verlassen, und bald
  werden wir nachforschen,
Was unsere Geschichte in den fernen Ländern war, als sie
  die eure umgab,
Und am Ende werden wir uns fragen: War Andalusien
Hier oder dort? Auf der Erde... oder im Gedicht?

Beim großen Aufbruch liebe ich dich mehr...

Beim großen Aufbruch liebe ich dich mehr, in Kürze
Schließt du die Stadt. In deinen Händen habe ich kein Herz,
Kein Weg trägt mich, beim großen Aufbruch liebe ich
  dich mehr.
Die Granatäpfel auf unserem Balkon haben keine Milch
  mehr, seit deine Brust fort ist.
Die Palmen wurden leicht, das Gewicht der Hügel und
  unsere Straßen am späten Nachmittag wurden leicht.
Die Erde wurde leicht, als sie ihrem Land Lebewohl sagte,
  die Wörter
Und die Geschichten auf den Stufen der Nacht wurden
  leicht, doch mein Herz ist schwer.
So laß es hier um dein Haus jaulen und beweinen die
  schöne Zeit.
Ein anderes Zuhause habe ich nicht, beim Aufbruch liebe
  ich dich mehr.
Ich befreie die Seele von den letzten Worten: Ich liebe
  dich mehr.
Beim Aufbruch führen die Schmetterlinge unsere Seelen,
  beim Aufbruch
Erinnern wir uns an einen Hemdknopf, der uns verloren-
  ging, und vergessen
Die Krone unserer Tage, erinnern wir uns an den Duft
  des Marillenschnapses und vergessen

Den Reigen der Pferde in unserer Hochzeitsnacht, beim Aufbruch
Ähneln wir Vögeln, verschonen wir unsere Tage, begnügen uns mit wenig,
Begnüge ich mich von dir mit dem goldenen Dolch, der mein getötetes Herz tanzen läßt.
So töte mich langsam, damit ich sage: Ich liebe dich mehr,
Als ich vor dem großen Aufbruch sagte. Liebe dich.
Nichts bereitet mir Schmerzen,
Nicht die Luft, nicht das Wasser ... kein Basilikum an deinem Morgen,
Keine Lilie an deinem Abend schmerzt mich nach diesem Aufbruch...

[1992]

Wir reisen wie alle

Wir reisen wie alle, aber wir wenden uns nirgendwohin zurück. Als wäre die Reise
Der Wolken Weg. In ihrem Schatten, zwischen den Stümpfen der Bäume begruben wir unsere Lieben,
Sagten unseren Frauen: Viel hundert Jahre lang gebärt aus unseren Lenden,
Damit zur Stunde eines Landes, zu einem Meter Unmöglichkeit wir die Reise vollenden.
Wir reisen in den Planwagen der Psalmen, wir schlafen im Zelt der Propheten, wir kommen aus dem Wort der Zigeuner.
Wir messen den Raum mit dem Schnabel des Wiedehopfs oder singen, um uns von der Entfernung abzulenken, wir waschen das Mondlicht.
Dein Weg ist lang, so träume denn von sieben Frauen, um diesen langen Weg zu tragen

Mit deinen Händen. Schüttele für sie die Palmen, um ihre
   Namen zu erfahren und von welcher Mutter das Kind
   aus Galiläa geboren wird.
Wir haben ein Land aus Worten. Sprich, sprich, damit ich
   meinen Weg mit einem Stein aus Stein pflastern kann,
Wir haben ein Land aus Worten. Sprich, sprich, damit wir
   das Ende dieser Reise erkennen.

Wir lieben das Leben

Auch wir lieben das Leben, wo wir nur können.
Wir tanzen zwischen zwei Märtyrergräbern, zwischen
   ihnen pflanzen wir
Für die Veilchen Palmen oder errichten ein Minarett.
Wir lieben das Leben, wo wir nur können,
Und stehlen dem Seidenwurm einen Faden, um einen
   Himmel uns aufzuspannen und die Abreise einzu-
   zäunen.
Wir öffnen das Gartentor, damit der Jasmin als schöner
   Tag auf die Straßen hinausgeht.
Wir lieben das Leben, wo wir nur können.
Wenn immer wir uns niederlassen, säen wir rasch
   wachsende Pflanzen,
Wenn immer wir uns niederlassen, ernten wir einen
   Toten.
Wir blasen auf der Flöte die Farbe der fernen Ferne,
   malen auf den Staub des Weges ein Wiehern
Und schreiben unseren Namen Stein für Stein –
   Blitz, erhelle die Nacht für uns, erhell sie ein wenig.
Wir lieben das Leben, wo wir nur können.

[1986]

Ein Platz im Zug

Taschentücher, die nicht unsere sind. Die Geliebten der letzten Sekunden. Bahnhofslicht. Rosen, die ein Herz täuschen, das nach einem Mantel für die Zärtlichkeit sucht. Tränen, die den Bahnsteig verraten. Mythen, die nicht die unseren sind. Von hier reisten sie fort – haben wir ein Dort, das uns freut bei der Ankunft? Lilien, die nicht unsere sind, damit wir die Strecke aus Eisen küssen? Wir reisen auf der Suche nach dem Nullpunkt, aber wir lieben die Züge nicht, wenn die Bahnhöfe erneute Zufluchten sind. Lampen, die nicht unsere sind, damit wir sehen, wie unsere Liebe dasteht und auf den Rauch der Lokomotive wartet. Ein Schnellzug durchschneidet die Seenplatte. In jeder Tasche Hausschlüssel und ein Familienfoto. Alle im Zug kehren heim zu den Ihren, wir aber kehren nirgendwohin zurück. Wir reisen auf der Suche nach dem Nullpunkt, um die Vernunft der Schmetterlinge wiederzuerlangen. Fenster, die nicht unsere sind, und man grüßt uns in allen Sprachen. Sag, war die Erde klarer, als wir auf den alten Pferden ritten? Wo sind die Pferde, wo die Jungfrauen der Lieder, wo in uns die Lieder von der Natur? Fern bin ich von meiner Ferne. Wie fern doch die Liebe ist! Die schnellen Mädchen jagen uns wie Ladendiebe. Wir vergessen die Anschriften auf den Fensterscheiben der Züge. Wir, die wir für zehn Minuten lieben, können in kein Haus zurückkehren, das wir einst betreten haben. Wir können das Echo nicht zweimal überschreiten.

[1985]

Der Spielmann mit der Gitarre

Er war Maler,
aber gewöhnlich
öffnen die Bilder keine Türen,
können sie nicht zerschlagen,
halten den Wal vom Antlitz des Mondes nicht ab.

(O mein Freund, o Gitarre,
entführe mich
zu fernen Fenstern)

Er war Dichter,
aber das Gedicht
vertrocknete in seinem Gedächtnis,
als er Jaffa sah
vom Deck eines Schiffs.

(O mein Freund, o Gitarre,
entführe mich
zu den goldbraunen Augen)

Er war Soldat,
aber ein Granatsplitter
durchbohrte sein linkes Knie.
Da gaben sie ihm
einen anderen Dienstgrad
und ein hölzernes Bein!

(O mein Freund, o Gitarre,
entführe mich
in das schlafende Land)

Der Spielmann kommt
in den nächsten Nächten,

wenn die Leute die Unterschriften
der Soldaten sammeln gehen.

Der Spielmann kommt
aus einem unsichtbaren Ort,
wenn die Leute den Geburtstag der Märtyrer feiern.
Nackt kommt der Spielmann
oder in Unterkleidern.

Der Spielmann kommt.
Fast sehe ich ihn,
rieche das Blut an den Saiten,
fast sehe ich ihn
durch alle Straßen laufen,
fast höre ich ihn
stürmisch rufen:
«Seht her,
das ist ein Holzbein.
Hört hin,
das ist die Musik von Menschenfleisch.»

[1972]

Abdellatif Laâbi (Marokko, geb. 1942)

Die Träume kommen, um auf der Seite zu sterben

Einer nach dem anderen
kommen die Träume, um auf der Seite zu sterben.
Sie haben sich verständigt
und kommen von überall her,
um auf dieser Seite zu sterben
wie die Elefanten auf ihrem Friedhof.
Ich erlebe ihre letzten Zuckungen mit
und kann ihnen nicht einmal ein Glas Wasser reichen.
Ich beschaue sie zum ersten Mal,
zum letzten Mal,
bevor ich sie in das Leichentuch meiner Worte hülle
und sie auf einen kleinen Kahn lege,
der einst ihre Wiege war.
Die Strömung entführt sie
und bringt sie mir bald zurück,
als wäre nicht dort das Offene,
sondern hier auf der Seite.

Der Gedichtbaum

Ich bin der Gedichtbaum. Die Wissenschaftler sagen, ich gehöre zu einer vom Aussterben bedrohten Art. Aber niemand regt sich darüber auf, während noch unlängst Initiativen gestartet wurden, um den nepalesischen Panda und den afrikanischen Elefanten zu retten.
Eine Frage der Interessen, sagen manche. Eine Frage des Gedächtnisses, sage ich. Von Zeit zu Zeit ist das Gedächtnis der Menschen übersättigt. Sie werfen dann den sperrig-

sten Ballast ab und schaffen Platz für das Neue, auf das sie so versessen sind. Heute sind die alten Dinge nicht mehr angesagt. Bäume werden erfunden, die besonders schnell wachsen und sich mit dem Anteil an Wasser und Sonne begnügen, den man ihnen zumißt. Sie erfüllen ihr Handwerk des Baumseins in aller Stille, ohne Launen.
Ich bin der Gedichtbaum. Man hat wohl versucht, an mir herumzumanipulieren, aber es ist nichts dabei herausgekommen. Ich bin widerspenstig und Herr über meine Mutationen. Ich gerate nicht bei jedem Wechsel von Jahreszeit und Zeitgeist in Aufregung. Die Früchte, die ich gebe, sind nie dieselben. Bald flöße ich ihnen Nektar ein, bald Galle. Und wenn ich von weitem einen Dieb kommen sehe, übersäe ich ihn mit meinen Stacheln.
Manchmal frage ich mich: Bin ich wirklich ein Baum? Und ich habe Angst, plötzlich loszulaufen, die triste Sprache einer verlogenen Gattung zu reden, mir eine Axt zu besorgen und mich auf den Stamm meines schwächsten Nachbarn zu stürzen. Dann klammere ich mich mit all meiner Kraft an meine Wurzeln. In ihren zahllosen Adern gehe ich die Wege des Wortes bis zum uranfänglichen Schrei zurück. Ich entwirre den Knoten der Sprachen. Ich erwische das Ende des Fadens und ich ziehe daran, um die Musik und das Licht zu befreien. Das Bild begibt sich in meine Obhut. Ich mache daraus die Knospen, die mir gefallen, und verabrede mich mit den Blumen. Dies alles geschieht nachts, unter der Mitwisserschaft der Sterne und der seltenen Vögel, die die Freiheit gewählt haben. Ich bin der Gedichtbaum. Ich lache über das Vergängliche wie über die Ewigkeit. Ich bin lebendig.

[1993]

Die Weiden der Stille

Heb deinen Schmerz auf
und geh.
Solange sich diese Erde dreht,
besteht Hoffnung,
die Sklaven zu bewegen,
die auf ihren Schultern
das zweckentfremdete
Gewölbe des Himmels tragen.

Auf dem Kreuzweg
wend dich nicht ab,
der Baum der Erkenntnis
wird wie ein Meteorit
aus dem Nichts auftauchen,
die Verirrung hinwegfegen.
Dann wirst du wissen,
daß das Leiden
die Diastole ist
und die Systole
einer jeder wahren Suche.

Frag nach
und geh über die Fragen hinaus,
bestätige nichts,
was nicht bis aufs Blut
von deinem Furor nach Wahrheit
gezeichnet ist.

Schreib nicht,
schreib gar nichts,
bevor du den Saft des Gesangs
nicht aus der tiefsten deiner Wurzeln

in dir aufsteigen spürst
und dein schmächtiger Bardenleib
ihn nur in sich bewahren kann,
wenn er sich selber opfert.

Wenn Ketten dich am Gehen hindern,
halt die Augen offen,
wenn dein steifer Nacken
dich hindert, den Kopf zu heben,
halt die Augen offen,
wenn man deine Augen gewaltsam schließt,
schau
in den seismischen Kontinent deines Körpers.

Nichts auf der Welt
kann dich zwingen,
die Knie zu beugen,
abzuschwören
deinem Menschsein.
Lege nicht deine Kraft
auf die Waage deiner Henker.

Erde, meine Süße,
es heißt, du seist
«menschenverseucht»
und dein Lauf
nur eine Fußnote
im infernalischen Wellengang des Kosmos.
Erde, meine Süße,
Kind unserer Liebe,
von diesem Erbe schwer,
diesem ungeschriebenen Testament
der zur Existenz Verdammten,
die dir den Schlüssel zu ihrer Stimme hinterlassen,

zu ihrem unauslöschlichen Lächeln,
den legendären Marsch umzingelnd,
auf dessen Höhepunkt
sie von Scharfschützen
niedergeschossen werden.

Schroffes Wort,
meine Arche des Nomaden, abgehärtet
durch unerträgliche Nächte,
damit hingebracht, das Labyrinth zu furchen,
Monate, Jahre, Jahrhunderte des Umherwanderns
im üppigen Dschungel.
Schroffe Nacht,
Hafen meines überreichen
Exodus,
trotz dieses Feuers aus Wurzeln,
das die Erde erleuchtet.

Die Menschen haben sich mächtig geändert,
ein alter Sträfling herrlicher Träume,
wer dir von Bequemlichkeit spricht
wie von einem Recht im fortgeschrittenen Alter.
Ein anderer überhäuft dich mit unangebrachter Zärtlichkeit,
damit du mit ihm den täglichen Suff teilst,
den Staub der Zeit.
Wieder ein anderer
schielt ohne Umschweife
auf deine chirurgische Jungfräulichkeit,
wärmt sich sein gutes Gewissen
am überzogenen Feuer
deiner Schüchternheit,
noch ein anderer zieht eine Lehre
aus dem Regen und dem schönen Wetter,
hält dich mitten auf der Straße an,

sondiert dich bis in die Eingeweide
mit mathematischem Blick,
und mit seiner feuchten, fleischigen Pranke
weist er dir den rechten Weg,
mit seinem Arm eine ausladende Geste beschreibend...

Alles ist tot, heißt es,
das Amalgam sitzt locker,
Gott   Mensch   Liebe
im Museum des Jungseins die Hoffnung,
die Völker erschlafft am Fuß des Throns
ihrer erschlafften Potentaten,
hirnamputierte Arbeiter,
die sich an ihren Ketten erfreuen,
Jugend bevölkernd
die künstlichen Paradiese,
Frauen, Fürsprecherinnen
ihres jahrtausendealten Schweigens,
die Dritte Welt anknüpfend
ans goldene Zeitalter der Barbarei.
Alles ist tot, heißt es,
aber was ist dann dieses Murren,
das aus den Friedhöfen dringt,
sind die Toten größere Schwätzer
als die Lebenden?

Die Morgenröte
verleiht dir deine Klarheit wieder.
Da stehst du nun,
reich an deinem Nacktsein,
ratlos
wie beim ersten Mal
an Herz und Leib der Geliebten
nach Jahren der Trennung.

Alle deine Feinde sind verschwunden,
geblieben nur
die Feinde des Morgenrots.

[1985]

Häresie

Kennt ihr schon
meine neueste Häresie?
Ihr werdet mir nicht glauben,
doch ich
singe die glückliche Liebe.

[1981]

Sargon Boulus (Irak, geb. 1944)

Die Schattenfrau

Mögest du
von einem Tag auf den nächsten
einen Tag erleben,
nicht wie die andren Tage,
in einem Jahr,
nicht wie die andren Jahre,
an ein Ufer schwimmen,
das sich entfernt,
je näher du ihm kommst,
einem Ding entgegen,
das du im Finstren flackern siehst
wie die Laterne eines Schiffs,
es fährt vorüber, gibt Signale,
entflammt wie ein Streichholz
und kämpft dagegen, im Wind zu verlöschen –
ein Glanz, der sich nachts
hinter deine Augen stiehlt
und die Gestalten deiner Träume erhellt,
in der Hoffnung, ein Feuer flackere auf
im Samt eines Abends.
Mögest du
in seiner Glut
die Schattenfrau
noch einmal in den Garten kommen sehen,
möge sie
wie eine Gazelle
aus deinen Händen trinken,
mögest du aus ihren Händen
das blaue Feuer ihres Schoßes kosten –

der Garten ersteht
aus den Trümmern einer Nacht,
während deine Nachbarin, die Witwe,
hinter dem Fenster ihre endlosen Runden dreht,
nachts wach wie du,
  ihre Augen
    sind glühende Kohlen,
und du, ein unermüdlicher Leser,
mit den Worten allein,
findest nicht in den Schlaf.

Du bist zu ihr in die Höhlen gekrochen,
hast ihre Gipfel erklommen,
drehtest um ihretwillen
den Hals deiner Nächte um
und legtest deine Opfergaben
auf ihrer Schwelle ab.

Ist sie ein Scheit,
sei ihr die Backgrube,
ist sie das Feuer,
so bist du die Flamme,
ist sie der Baum,
so bist du nichts als ein gewöhnliches Beil,
doch wird es nicht so bald stumpf,
und seine Schläge sind hart.
Die Heldengeschichten?
Du hast sie vergessen...
Die Bücher der Geschichtsschreiber?
Du hast sie zum Spottpreis verkauft.
Darauf nun also, darauf,
darauf beruht nun die Sache,
auf der Ferne der nächtlichen Reise,
du und die närrische Herrin

in diesem unermeßlichen Meer,
wo die Schiffe zerschellen,
darauf auch, wie viele Gaben sie dir zugesteht,
eine beschäftigte Frau, die ein Heer von Liebhabern hat:
bald eine Hure, die sich unterwirft,
bald eine Heilige, die hinterm Vorhang lebt.
Du kommst zu ihr mit dem, was du sahst
und was dir widerfuhr, wo du warst,
warum du kamst und wer dich rief...

Vorfall in einem Bergdorf

Plötzlich schrickt die Luft auf,
und die Nacht zittert im Baum.

Dann lauschen wir
einem Sturm aus Geflatter,

Flügel, die tausendfach
in die Finsternis aufsteigen:
Spatzen, die vor dem Felsstück fliehen,
das in das Rund des Brunnens fiel,

von hoch oben.

[1992]

Der Messerschleifer

Die Welt ist eine Schleuse,
Splitter eines Spiegels
auf einer Schwelle aus Lehm
bewachen sie,

verschiedene
Arten von Wesen
gehen durch sie hindurch:
Sie alle kommen,
um durch diese Gasse
zu schlendern.

Derwische kommen,
die eine Weile
mit Skorpionen und Schlangen
in Höhlen lebten,
Köter, die einem Brautzug
hinterherrennen,
jemand, der fortgeht,
kommt,
und jemand, der kommt,
geht fort:
der Angeklagte,
der Zeuge,
der Richter.

Die Welt
ist ein Lastenträger,
der unter einem Sack Mehl stöhnt,
sie ist
ein Salzverkäufer
und
ein bettelnder Fiedler,
der von Haus zu Haus geht.

Diese Schleuse in meinem Gedächtnis
führt mich,
wenn ich einmal einem Schatten folge,
durch die Festtage des Jahres,

und ich lausche
einer schon halb begrabenen Melodie,
die an einem Ort
fern von mir selbst
wieder und wieder ertönt...
diese weiße Ewigkeit,
die in meinen Kopf treibt,
dieser Rabe,
der kommt,
um das Weiß
zu erobern.

Er erobert es,
indem er
von Haus zu Haus hüpft
mitten zur Zeit der Siesta,
wenn nur
ein Kind im Schatten spielt
und eine Frau
dem Hammel für das Fest,
der an einen Pflock gebunden ist,
etwas Gras reicht,
während die Welt vor sich hinrostet
und die Fastenden in den Häusern
von wer weiß welch einem Festmahl
an wer weiß welch einem Festtag träumen.

Ohne Vorwarnung
erscheint er
mit seinem strengen Gesicht
am Eingang zur Gasse,
auf seinem Rücken
das Leder und der Wetzstein,
auf der Nase

eine Blindenbrille, ein Mensch zwar,
aber eine Vogelscheuche doch,
eine Mißgeburt,
von der Sonne ausgespuckt
und gierig
nach des Eisens Geschmack...

Der Messerschleifer erscheint
im Königreich der rostigen Dinge
wie eine Prophezeihung,
die wir vergessen hatten,
und den Schleifstein vor sich
läßt er Funken sprühen,
den Mittagsschläfern zukrächzend,
daß er gekommen ist,
daß er gekommen ist,
um die Messer zu wetzen.

Morgen um drei

In der Siestaruhe,
wenn meine griechischen Nachbarn allesamt schlafen,
höre ich ihr Pochen an der Tür, ihren zaghaften Gang,
sehe ihre begehrenden Augen...
ihr Antlitz
ist das Antlitz einer Taube
(und unter den Federn: einer Löwin!),
zur Mittagszeit meistens, jeden zweiten Tag
in jenem Sommer, der versprach, ein Paradies zu werden:
  Sie bleibt,
bis der erste Stern
über den Dächern Athens erscheint,
dann entwindet sie sich meinen Händen

in ihr anderes Leben, ein Geschenk
von ich weiß nicht welchem Gott gesandt,
der mich für würdig hielt, sie zu erlangen.
Und eines Tages, eines Tages
ihr vertrautes Pochen an der Tür,
ersehnter Stein, der in den Brunnen meines Wartens fällt,
doch die Milch ihres blassen Gesichts
vertieft nur das Blau der Ringe um ihre schreckhaften
  Augen.

«Ich werde es abtreiben lassen, meine Schwester kennt
  den Arzt.
Morgen um drei. Du mußt nicht mitkommen, wenn du
  nicht willst.
Ich gehe allein.»

Wir schnitten den Traum entzwei
mit der Klinge des Schicksals, eine Hälfte für uns
und der Rest für die anderen, in einem Sommer
der versprach, ein Paradies zu werden... oder morgen,
  morgen um drei.

Auf unbegrenzte Zeit

Ganz so wollte ich dich
seit meinen ältesten Träumen
an genau diesem Ort, zu genau dieser Zeit –
als meinen Baum. Als meine sichere Grotte,
meinen Ankerplatz auf unbegrenzte Zeit...
Gesegnet
sei dieses schlafende Dorf
und gesegnet wir, die wir nicht schlafen:
Unsere Matratze ist auf der Erde, festgegründet,

in Reichweite
der Wein und die Zigaretten.
Wir bewegen uns auf der Stereowelle
Leib an Leib mit den Sternen.
Die «Meistersinger» sind eingeschlafen, «Faust» ist
   eingeschlafen,
das Rheinvolk schläft,
die Fenster
sind schneebedeckt,
Wind foltert die Scharniere.
Draußen heult der Wolfsmensch,
laß ihn heulen, leg die Platte auf,
leg Bob Dylan auf
mit «Shelter in the storm».
Leg Ravi Shankar auf, den Meister der Sitar,
damit er uns an seiner Hand nach Indien führt –
diese Nacht werden wir die Feuer Indiens anbeten,
und Stoß um Stoß treiben wir der Mündung zu...
unsere Liebe ist ein Abendmahl
ohne Verräter.
Zieh die Vorhänge zu,
damit die Nachbarn unser Leuchten nicht sehen –
der Orient ist der Orient, der Westen ist der Westen.
   Wir sind eins.
Diese beiden sind unsere Welt.

[1996]

Abbâs Baidûn (Libanon, geb. 1945)

Die Mörder

Hier machen die Mörder nichts, als Mörder zu sein. Wir sagen: Die Engel sind fortgezogen, ohne etwas getan zu haben; und auch: Es fehlten die Wurzeln, die Lehrer sind davongelaufen.

Der Schaden, der trifft, bedarf keiner Maschine, so wie das Gift keines Vorsatzes bedarf. Und was den Gedanken angeht, der das Wort nicht kennt, so wissen wir nicht, wann er tötet.

Hochmut verströmt kein Blut, wenn er verletzt wird, sondern Grausamkeit. Aber Schmerz wird massenhaft hergestellt und über alle ausgegossen.

Hier machen die Mörder nichts, doch du weißt, daß sie etwas von ihrem Schweigen beerdigt haben und daß der Verlust eines Wortes in einer Geheimsprache ein Grab bedeutet.

Was sollen wir tun mit dieser Abwesenheit?

Was macht der Fluß mit diesem Wasser:
Verschlucken kann er es nicht.

Was machen wir mit dieser Abwesenheit?

Ein Bild

Segelboote, die auf das Wasser gemalt sind,
Aber das Wasser ist ganz regungslos –
Es nimmt sich vor ihnen in acht.

Kartoffeln und Träume

Sie stellen den Fisch in den Ofen. Die Träume holen sie aus der Erde. Hier, wo die Völker den Brunnen verloren und andere hinter den Vögeln in die Irre gegangen sind. Wir buddelten nach Kartoffeln und Träumen und pflückten lebendige Fische. Wir aßen viele Geheimnisse und eine noch größere Anzahl von Quellen. Bevor die Altersschwäche nicht von uns läßt, kümmern wir uns nicht um die Erde, die aus unseren Augen davonflog.

Vierzig

Er hat dies vierzig Jahre lang getan. Er sitzt im Sessel, die Hände auf den Armlehnen. Tief holt er Atem und pustet die Luft gegen die Wand. Als er ein Loch entdeckt, weiß er, daß sich in seiner Haut ein ebensolches befindet, und glaubt, daß er nicht alleine altert. Seit langem schon reicht es, daß er so dasitzt, um völlig erschöpft zu sein. Seine Verzweiflung hat er hierhin gelegt, und seitdem ist er sich sicher, daß das Glück nicht mehr verlangt als ein Quadrat.

Eine Wolke

O Wolke! Seit wann ähnelst du nicht mehr der Dichtung? Seit wann finden wir dich in einer Streichholzschachtel unter all den erloschenen Hölzern? Es gibt Dinge, die wir nicht aus der Wohnung entfernen können. Es gibt Dinge, die wir unseren Blicken nicht entziehen können.

All jene

Ich sitze da, umringt
von all jenen,
die mich einsam
gemacht haben.

[1997]

Der Faden im Buch

Dennoch warte ich auf den Faden im Buch,
auf eine Botschaft von mir selbst.

Zimmer

1
Und ich sage Adieu zu diesen altersschwachen Steinen,
die auf einmal schwarz wurden,
zu diesen Felsen, über die wir liefen.
Wir werden nicht sagen, daß auch der Wind töricht ist,
weil er über sie hinwegbläst.
Das Meer leckt an ihnen.
Immer wird es so sein:
Das Meer leckt an ihnen, die Luft schnüffelt an ihnen
ohne Unterlaß.

2
Gleichgültig ergießt sich der Regen auf mein Leben,
das wie ein Zelle stets erleuchtet ist.
Ich verlasse es nun,
nur noch seine Tür ist mein,
ich habe nicht immer nur in ihm gewohnt,
ich hatte auch die Häuser meiner Freunde.
Seit jener Nacht
bin ich nicht mehr meines Lebens Gärtner,
und nach wie vor sprießt das Unkraut
aus dem Gras,
und niemand jätet diese Torheiten
mit ihren widerspenstigen Wurzeln.
Ich bin nicht mehr meines Lebens Gärtner,
ich überlasse es jetzt den eiligen Gästen
und den Freunden, die es sich durch ihren Verrat
  verdienten.

3
Auch der Regen fällt,
die Erde ist glatt unter seiner Bürste,
die Felsen sind blank vom Speichel des Meeres,
vollkommen glatt ist der Tag, kahl
vom aalglatten Lachen des Meers,
und ich liege schlaflos im Bett eines Hotels,
starre mit ausdruckslosem Lächeln aufs Meer.

4
Adieu dieser Zitadelle,
die sie vor zwei Generationen schleiften,
doch immer noch streunen sie dort herum.
Adieu dem Asphalt
und meinem längsten Haar,
der Suppe, die ich aus einem russischen Roman schlürfte,

dem Radioprogramm, aus einem Leben gesendet,
das nicht bei mir haltmachte.

5
Wir kränkelten wie unsere Wohnungen,
die immer heiser waren,
kränklich wie unsere Tiere.
Unsere Häuser befanden sich hinter der Welt,
wo das Fruchtwasser vor unserer Geburt gelb war.
Unsere Risse und die Lauten unseres Husten waren dort.
Wir treiben sie weiter auf den Wegen,
aus dem Pfeifton, den wir von uns geben,
und den Strahlen unseres Urins,
und ziehen auf ihren Rücken fort.

Wir erheben unsere Köpfe von dem Knie,
dem wir einst entschlüpften,
wir erfühlen die Fußknöchel unserer Väter
und die Monate ihrer Krankheit,
verteilt auf die Türme unseres Lebens,
wir wälzen unsere Steine,
und jenes Feuer, das uns folgt wie ein Riß,
erinnert uns in fahlem Licht daran,
wie sie die Räder mit derselben Langsamkeit drehten,
mit der sie sich unserem Schlaf zuwenden.

Wir trennten uns wie ein Riß,
als das Dach ohne Unterbrechung zerfetzt wurde,
und ließen die Zimmer sich erheben wie Kälber,
als die Zimmer selber uns ein zweites Mal gebärten
und die kräftigen Schultern sich zur Abreise krümmten.
[...]

9
Ich bin nicht der Gärtner meines Lebens,
ich lasse es nun zurück.
Nur noch seine Tür ist mein,
ich habe nicht immer nur in ihm gewohnt,
ich hatte auch die Häuser meiner Freunde.

                                                  Limassol 1986

Mohammed Bennis (Marokko, geb. 1948)

zweifel

für diese zweifel
die uns erleuchten
für diese zufluchten
die sich verbinden
bestimmen wir die farbe der spur
und säen sie
  als pelikan
    säen sie
      als welle
        oder als stein

unreinheit

wenn ich meinen körper treffe
aus nässe reinen dings geboren
den höhlen der körper
wird es zeit für mich die waschung zu vollziehen
im schweigen der besessenheit
im rausch der unreinheit
befleckungen lösen sich
im wasser des begehrens
nebliges stiehlt sich fort
es sagte
schreib nicht

dort

zwei hände nah und tätowierung
transparenz
von orkanen umkreist
ist es deine umlaufbahn
oder sind es meine kalligraphien
heimgekehrt aus dem gesang
und einem beliebigen staub

dort also
dort also

ein anderes blau

unter der enthüllung eines anderen blaus
ranken sich schwingungen empor
die epochen
suchen bei ihnen
erleuchtung
fürsprache zeigt sich
und treibt die vergessenheit zur eile
in
der nacht
der grenzen

leichtsinn

fragt ihn nicht
nach
den wegen
vielleicht

belastet ihn
die biegsamkeit der zweige
am horizont der sein schweigen bedroht

fragt ihn nicht
nach
den gefahren
vielleicht
dringt ein aufhören
aus seinem verlangen
zu ihm durch

fragt ihn nicht
nach den pilgerriten
denn er ist
leichtsinn gießt
sein blut fort
fügt sich
dem vergessen

blindheit

diese tinte steigt mit mir zu meinem atem auf
steigt triumphierend mit mir auf
dann
dorthin
wo mein auge verführt wird
dann
bis
riegel wachsen
in der achtlosigkeit meines fiebers
perioden von henna
und häuser in der nacht der tänze

bis
zur nacht der tänze
wo die palmen nah bei schritten sind
die ihren besitzer vergaßen
und ihr ziel
unterm schweigen überraschte ich
ein zirpen
ein siegel das schmilzt
und schmetterlinge die sich aus flecken erheben
vögel
die in alle richtungen fliegen
geleitend
mich
zu meiner blindheit

wunsch

hätte ich nun was ich nicht habe
eine sprache
um die luft zu enthüllen
einen schritt
der klingend vorübergeht
und beladen mit einem sinkenden himmel
zurückkehrt zu mir
eine gegend
wo ich abwarte ruhig
bis der pulsschlag losbricht
zwischen kuppeln die niederstürzen
und einem vorspiel das sich poeten vererben
hätte ich nun
was ich nicht habe
so fände ich zu guter letzt
zu einem thron

mir zugedacht
aus des abends staub

angriff

ich habe weder kuppeln noch arkaden
die glut zieht es einzeln
zu mir
sie hat von mir der hände eskapaden
sterne aus der vorfahren geographie
auf den ästen meines bluts
entsteht die blume
versuchung
o basilikum des begehrens
aus dieser klaffenden wüste
strömen nach und nach
meine verbündeten zusammen
und wir blasen zum angriff
auf die geheimnisse des schweigens
wie mitfühlend du bist
psalmodie
meiner umflorten provinzen.

wörter

wörter es schnitzt sie
atem
aus blässe
nicht
wörter
wecken mir die rasse ihres begehrens
im angriff von metaphern

die mir drohen
wörter
ihre einsamkeit mobilisierend
ihre verirrung
wörter erstrahlen hinter dem vorhang der wörter

dieser schatten hißt die wolke meiner hand
die morgen auswandern wird
aus kellern
die ihrem schmetterling
enthüllt wurden

und das schweigen dort ist sehr beansprucht
es vervielfacht sich
in den fackeln der
aster
sie bringt die toten näher zu mir
die hindurchgegangen sind
durch das gedächtnis der wörter

ohrringe

häng deine luft an die ohrringe der häuser
oder an die reste der preisungen
du bist beladen mit meer
deine tiefe ist blau
deine feuchte hand
ist rausch
oder
ist nicht

[1992]

Qâsim Haddâd (Bahrein, geb. 1948)

Der Kapitän

Er baute sein Schiff und machte es Türmen gleich, auf denen Fahnen klirren. Er umgab die See mit einem Gürtel aus Leuchttürmen. Allein die Möwen kennen den Lichtstrahl, die Zeit und die weiten Umdrehungen. Er füllte die Kajüten mit Wein und Brot und ließ das Fallreep hinab für die Seeleute, die da kommen sollten. Er hißte die Segel, und das Weiß füllte den ganzen Horizont aus.
Und dann stand er da wie der höchste der Masten, schob Wache und wartete auf die Seeleute. Es wurde spät, sehr spät...

Aber er harrte aus und wartete.

Das Wasser der Bedeutung

Ich verbrüderte mich mit meinem Chaos, meine Hände gaben der Versuchung nach. Ich machte meinen Körper zu Gefäßen für eine Sprache und malte meine Rätselhaftigkeit als Blöße für die Erde, für ihre Geschichten, für ein Bild, in dem Wasser und Worte sich mischen.
Ich nannte das Schreiben die Sünde des Sprechens und rüstete es für die Widerspenstigkeit der Bedeutung, ließ los das lärmige Geschwätz, bändigte es.

Einmal war ich in einer ländlichen Gegend aus alten Wörtern, setzte ein Grab instand und sprach die Sprache des treulosen Meeres, die Sprache ändernd, die aus den Büchern des Schlafes auftauchte. Ich zerbrach den Schlaf.

Da traten die in die Nacht eingesperrten Träume des Chaos über ihre Ufer. Ich öffnete die Nacht und verbrüderte mich mit meinen Händen, um eine Sprache in meinem Körper in Versuchung zu führen und sie mit dem Wasser der Bedeutung zu mischen.
In meinen Gliedern flog ein Schwarm alter Wörter auf.

Wer liest diesen Kelch, wer mag meine Geschöpfe... und fliegt fort?

[1990]

Der Stein

Niemand kennt den Stein so wie ich.
Ich säte ihn in die Gebärmutter der Berge und zog in ihm
   die Rose der Metalle groß.
Er wuchs heran, wie ein Kind, und ich folgte seinen
   Schritten.
Sein Schweigen ist ein lauschendes Herz und seine Einsamkeit ein Alphabet, das die Sprache lehrt.
Er ist der Glanz, der einen Schatz verrät, und er tritt aus
   Büchern und Spiegeln hervor,
In ihm lese ich das Glas des Paradieses und den Zauberspruch der Liebe.
Leicht steigt er auf und schenkt dem Wind die Freundschaft der Schrift,
so wie ich.

Er, der Einsiedler, mag den Fremdling.
Sein Wasser ist die Wachheit des Höhepunkts.
Er wacht über den Schlaf der Bäume und verneigt sich.
An jedem Abhang erwartet ihn Post, die der Schnee reinigt, und vom Meer nimmt er den Brief der Wellen entgegen.

Ein Augenpaar, feucht vor Leidenschaft und der Kindheit des Fremden,
wie ein Tiger getrieben, schaukelnd in Netzen, die über mir baumeln.
Er hört den Pulsschlag in den Adern,
leuchtet, begehrt, schweift umher,
faselt,
so wie ich.

Er kennt das Geheimnis und den Skandal
und ist vertieft in Zusammenhänge,
die Rose nimmt von ihm ihre Gründe, und er belauert den Berg
im Zustand der Ekstase und Auflösung.

So wie ich:
Seine Namen stecken in den Metallen und sind ein Vorwand für den Feind,
so wie ich,
ein dahinschmelzender Liebender, sein Wasser ist Besorgnis und das Paradies des Verlusts.
Er erduldet die Liebe,
geübt im Reisen und dem Verlangen nach Abwesenheit,
so wie ich.
Er allein kennt die Geschichte meiner Schritte und Fehltritte
und vergibt und vergißt,
... so wie ich.

Die Dichter

Die Dichter zeichnen die Natur, bevor sie selbst es tut,
sie schaffen aus dem Nichts
und stellen eine Hütte auf, aus der eine Handvoll Taugenichtse heraustritt.
Eine Zeitlang singen sie und bahnen einen Weg, damit
 das Wasser die Gestalt eines Flusses annimmt.
Sie streuen in den Lehm das Gedächtnis der Bäume,
und aus den Worten des Gedichts erkennen die Vögel ihre
 Farben,
wählen ihre seltsamen Namen.

Wenn die Dichter aus dem Schlaf treten,
beginnen die jungen Taugenichtse mit ihrer
 Schändung,
sie treiben Unfug
und balgen sich, als hätte die Natur sie wieder heimgesucht,
sie stürmen und donnern,
ihre Glieder werden dünn, als ob die Jahreszeiten
auf der Stelle beginnen wollten,
als ob die Kindheit
plötzlich Gestalt annähme,
während die Augen
erstaunt die Improvisationen der Natur anstarren
und die Jungen, die Unfug treiben, ihre Fehler Trupp um
 Trupp begehen
wie die Hitzigkeit von Gedichten in der Blütezeit.

Die Geschöpfe zerbrechen die Geschenke
und nehmen ihr verführerisches Bild mit,
als ob Zungen die Schöpfung begründen,
und die Menschen, die der Beginn erschreckt,

küssen durchsichtigen Schnee, der ihren Spiegel schmückt,
    damit sie sehen können,
was die Dichter mit unseren flüchtigen Träumen
    machen.

Die Dichtung treibt Unfug mit der Prosa,
und die jugendlichen Halunken begehen läßliche
    Schandtaten,
wie ein Kind, das die Brust zerkratzt und an ihr weint,
wie ein Text sein Bild zerstört.
Der Apfel der Liebe regnet vom Baum,
und die Frau versinkt im verlorenen Geliebten.
So deckt der Wolf im blutigen Hemd eine Legende auf,
und die unschuldigen Brüder gestehen –
da verzeiht die Natur einem übermütigen Schöpfer
und betet zu ihm.

[1997]

Wadî Sa'âdah (Libanon, geb. 1948)

Nässe

Spöttisch ging er von uns
wie jemand, der im Winter durchnäßt wurde
und sich auszieht
statt sein Hemd.

Das Leben dort

Dort begrub sie ihr Kind und wartete jahrelang,
um sich neben ihm schlafen legen zu können.
Und als man sie in diese Erde hinabließ,
war sie einen Tag alt,
während es
ein alter Mann war.

Der Spaziergang an jenem Tag

An dem Tag, da er fortging,
blieben am Türschloß
die Finger seiner Hände haften,
auf dem Gehsteig seine Füße
und auf dem Straßenbelag eine Schicht seiner Haut.

Ist dies ein Spaziergang oder der Tod?
Das fragten sie, und als er seine Arme hob,
sagten sie, er wolle fliegen,
doch winkte er nur seinem Gesicht
zum Abschied zu.

Mysteriöse Blume

Bevor der Schlaf sie
zu seinen stillen Plätzen brachte,
schnitt sie sich die Nägel
und warf die Stückchen in einen Blumentopf.

Und am Morgen dann
war in dem Topf
eine kleine Hand gewachsen.

Ein Wunsch

Es war lediglich der Wunsch,
unter dem Regen zu lächeln
und unsere Regenschirme hochzuhalten,
ein wenig auf den Straßen zu spielen
und auf dem Bürgersteig einige Scherben
der Flasche der Welt zurückzulassen.

*Versuch, einen geschmolzenen Menschen
zurückzuholen*

Dieser See ist kein Wasser, sondern ein Mensch, mit dem
ich lange geredet habe und der dann geschmolzen ist!
Ich versuche jetzt nicht, auf den See zu blicken, sondern
die geschmolzene Person zurückzuholen. Wie kann es sein,
daß die Leute zu Seen werden, auf denen Gras und Blätter
treiben?!
Tropfen für Tropfen fließen die Toten an meiner Tür hinunter.

Ein Boot hält für mich unter der Sonne,
und eine kleine Kolonie aus Schauder kehrt zum Sand zurück.
Ich zittere nicht. Aber ich bin verrückt geworden. Das Wasser ist kalt, doch ich zittere nicht.
Ich schauderte nur ein bißchen, dann wurde ich wahnsinnig.
Auf der Wasseroberfläche ist ein Blatt, das ein Auge war.
Am Ufer sind Zweige, die Rippen von Menschen waren.
Ich versuche jetzt, die Blätter und Zweige aufzusammeln.
Ich versuche, eine Person, die ich liebte, wieder aufzusammeln.
Aber viele sind hier vorbeigekommen und sammelten das Laub und das Holz, um ihren Herd zu feuern.
Nie wird es gelingen, eine Person wieder aufzusammeln.
Man wird die Glieder nicht vollzählig aufsammeln können.
Viele von ihnen sind schon verbrannt worden.
Trotzdem muß ich unbedingt den Menschen zurückholen, den ich geliebt habe. Die Geliebten müssen einfach zurückkommen, wenn ich sie rufe. Sie müssen zurückkehren, auch wenn sie Wasser sind. Auch wenn sie tot sind. Wenn sie Algen sind. Die Algen müssen wieder zu Menschen werden, wenn du sie rufst – und sei es durchnäßt, aufgedunsen, angeschimmelt. Dein Mensch muß als Freund wiederkommen, selbst wenn er vor tausend Jahren gestorben ist.
Es muß einen Weg geben, die Leute von den Ufern aufzulesen, um die auf den Seen treibenden Blätter und Zweige wieder zu Menschen zu machen.
Ich zitterte nicht. Die Glieder zitterten, und ich mußte die Leere zwischen den Gelenken stopfen, damit ihr Zittern aufhört und sie sich beruhigen.
Aber wie groß der Abstand zwischen den Gelenken ist!
Und wieviel Erde ich aufschütten muß, um die Leere zwi-

schen ihnen zu überbrücken. Wie groß der Abstand zwischen Rippe und Rippe schon geworden ist!

Ich fließe langsam, als wäre ich der letzte Tropfen Wasser, der hinabfließt, und hätte mich verspätet. Ich fließe langsam, fast kriechend schließe ich mich dem Fließen an, und allmählich verdampfe ich.
Ich werde nicht ankommen. Ein Teil von mir wird in der Luft verschwinden. Ein anderer Teil in der Erde versickern. Ich bin hinter meinen Kameraden zurückgeblieben und werde nicht ankommen. Ich krieche vorwärts, doch ich werde nicht ankommen. Ich verliere Teile von mir, andere Teile folgen mir völlig ermattet, und wieder andere zerfallen zu Staub.
Selbst wenn ich ankäme, was von mir käme dann an?
Um mich sind Gräser, Kiesel und Erde. Ein Vogel pickt an einem Stück von mir. Eine Ameise ißt ein Stück von mir. Und ein Teil von mir gehört dem Gras, den Kieselsteinen und der Erde. Ich fließe langsam, und über mir steigt ein Faden von mir auf. Unter mir rinnt ein Faden von mir hinab. Langsam rinne ich zwischen zwei Nadeln, die mein Nichtsein nähen.
Ich floß als letzter Tropfen. Ich war in einer Wolke und regnete hinab. Bin ich der, der nach dem geschmolzenen Menschen sucht, oder bin ich geschmolzen? Oder schmolz ich wie er, vor lauter Sucherei nach seinem Geschmolzensein?
Statt nach ihm zu suchen, ist es jetzt so, daß ich mich suche!
Auf dem Weg sehe ich Menschen vorübergehen. Der Teil, der von mir übriggeblieben ist, sieht die Menschen. Wie es scheint, haben sie keinen verloren, den sie lieben. Oder sie haben einen verloren, gehen aber trotzdem einfach weiter.
Ich verstehe nicht, weshalb unsere Beine nicht einfach ste-

henbleiben, wenn wir einen geliebten Menschen verlieren. Ist es nicht so, daß wir nicht auf unseren, sondern auf seinen Füßen gelaufen sind? Geschah der ganze Spaziergang nicht um seinetwillen? War er selbst nicht dieser Gang?
Wie kann einer gehen, der einen Menschen verloren hat? Als ich einen Menschen verlor, da blieb ich stehen. Er war es, der ging, ich folgte ihm. Ich ging in ihm. Und als er stehenblieb, hatte ich keine Füße mehr.

Ich kroch hinterher und verdampfte. Wie bringe ich da den zurück, der geschmolzen ist? Wäre es nicht sinnvoller, zunächst mich zurückzuholen? Zumindest einen ganzen Tropfen wiederherzustellen, der auf einem Blatt hinabfließt, auf einem Auge, auf einer Rippe am Ufer? Sollte ich nicht zumindest aus dem Wasser des Sees bestehen, bevor ich einen Menschen aus den Algen zurückverwandeln will? Ich habe mich verspätet und werde nicht ankommen. Alles, was ich noch tun kann, ist Schauen, aus der Ferne Schauen. Ein verworrenes Schauen aus dem Auge eines Dings, das keine Wolke ist und kein Wasser, kein Körper und kein Dampf.
Anders gesagt, ich schaue gar nicht.
All das ist bloß eine Vorstellung. Dunkelheit, die die Dunkelheit um Hilfe anfleht. Ich werde nichts sehen, und ich werde nicht ankommen, und ich werde weder versuchen, einen Menschen zurückzuverwandeln, noch könnte es mir gelingen.
Ich versuche bloß, zu kriechen und meine Leidensgenossen einzuholen. Aber sie sind jetzt weit fort, sehr weit fort.

Vielleicht war ich früher jemand, der nach einem Menschen suchte, der geschmolzen war, oder vielleicht war ich der Geschmolzene. Jetzt bin ich nicht einmal mehr ein Tropfen.

Und in meinem schrecklichen Aggregatzustand zwischen Wasser, Dampf und Person suche ich nach einem Namen, mit dem ich mich vorstellen kann, wenn ich der Ameise, dem Gras und dem Vogel begegne.
Du kriechst wie ich, und unweigerlich wirst du an der Bodenwelle anhalten. Sende mir von dort einen Ruf, und mit deinem Ruf werde ich mich benennen.
Ich wandele mich zu Wasser, Eis und Dampf. Trotzdem habe ich Gelenke! Gelenkstellen, zwischen denen Lücken sind. Das Wasser und der Wind stoßen dagegen, die Leute stoßen dagegen.
Viele Leute gehen jetzt zwischen meinen Gelenken hindurch. Ich weiß nicht, woher sie kommen, und nicht, wohin sie gehen. Aber sie stoßen an meine Knochen.
Leute, die ich einmal getroffen habe, Leute, die ich mehrmals getroffen habe, Leute, die ich gar nicht getroffen habe. Aber jetzt ergießen sie sich und klopfen an meine Knochen.
Ich sollte diesen Knochen aufmachen, damit sie hineinkönnen.
Wenn diese Knochen nur eine Tür wären!
Woher sind sie gekommen?
Ich glaube, daß die, die wir anschauen, unsere Körper durch unsere Augen betreten und zu Fleisch und Blut werden.
Und einige werden zu verirrten Spaziergängern zwischen unseren Gelenken.
Und so harren wir aus und hören das Klopfen an unseren Knochen.

Ich höre jetzt, wie das Wasser anklopft.
Ich muß aufmachen.

[1997]

Muhammad al-Ghuzzî (Tunesien, geb. 1949)

Der Tod

Wenn, den Blicken entzogen, der Tod zu mir kommt
Und mich, in einer blauen Nacht, auf einer Feier sieht,
Verlang ich noch mehr Trunk von meinen Zechgenossen,
Und er wird schamhaft senken seinen Kopf
Und dann nach draußen gehen, um fortzuziehen,
Und meine Türe schließen.

Adam

Was wäre, hätte er sich nicht dem Baum genähert?
Was wäre, hätte er nicht seine Frucht gepflückt?
Was wäre, gäbe es nicht seine Sünde?
Hätten wir dann die Erde geerbt?
Hätten wir, in ihrer Finsternis, als Blitz verästelt uns?
Wären wir, wie die Büffel, von Epoche zu Epoche weiter
    hinabgestiegen,
Wären, wie Ziegen, von einem Ufer zum andern
    gesprungen
Und hätten unter der Last unserer Särge gelitten
Und die Erde mit unserer Herrschaft überzogen?

So laßt uns sagen:
Ruhm sei den Übeltätern,
Die die Erde auf den Weg brachten
Und die Sünden der Ahnen gutgeheißen haben.

Die Beute

Was also wird unser Tod erbeuten
Nach einem herrlichen Fest namens Leben?
Da haben unsere Seelen die Leiber schon verzehrt
Und für den Tod, wenn er kommt,
Nur dieses kleine Bißchen übriggelassen.

Der Winter

Nachts, wenn Winter ist,
Kehrt die Schwester in unser Heim zurück
Und flicht die Nacht ihrer Zöpfe,
Ziert sie mit der Brosche ihres Silbers
Und kehrt dann zum Abhang am Flußbett zurück.

Nachts, wenn Winter ist,
Kehrt die Schwester in unser Heim zurück,
Sieht, daß die Nachbarstochter Brüste bekommen hat,
Daß die Kinder herangewachsen sind
Und daß wir unseren ersten Hof verlassen haben.

Nachts, wenn Winter ist,
Kehrt die Schwester in unser Heim zurück
Bettet mich auf das Wasser ihrer Flechten,
Und sobald der Hahn schreit,
Wachsen ihr Flügel,
Und sie kehrt mit feuchten Augen ins Totenreich zurück,
Nachts, wenn Winter ist...

Die Sprache

Die Sprache berauschter Asketen,
Die Sprache der Sänger in den ersten Klöstern,
Die Sprache derer, die zu Fuß gehen,
Und der weisen Narren.

Die Sprache der Religionsgelehrten,
Die Sprache ausschweifender Kalifen,
Die Sprache des «Fihrist» und der «Genealogie der
  Pferde»,
Die Sprache von «Al-Ayyash und Al-Irsh»,
Die Sprache der Katze beim nächtlichen Instinkt,
Die Sprache der Frau, ins Wasser der Weiblichkeit
  getaucht,
Der Sprache des Manns, der das Feuer seiner Männ-
  lichkeit hütet.

Die Sprache des Wassers
Und der Muscheln in den Händen der Kindheit.

Das ist die ewige Dichtung des Seins,
Die aufsteigt aus dem Chaos der Dinge,
Spitze dein Ohr und frage,
Was die Schöpfung übrigließ
Für ihre Kinder, die Dichter.

Sieh dich um

Sieh dich um:
Nichts als die Asche von Galaxien,
Nichts als die Spuren der Ahnen im Sand,
Nichts als die alten schwarzen Wolken.
So ziehe nun festlich hinaus,
Erstrahle in der Dämmerung der Ahnen als Stern,
Und entflamme als Rose
Über diesen herrlichen Ruinen.

[1999]

Walîd Khâzandâr (Palästina, geb. 1950)

Wenn wenigstens

Wenn du das Glas an der Wand zerschlügst,
wenn du aufwecktest, wen immer du willst
mit lautem Geschrei, zu dieser Stunde, zwei Uhr,
wenn du wenigstens sagtest, was gestern, heimlich,
du schriebst, auf die Schachtel mit Zigaretten:
«Es hat geregnet, der Frühling kam,
und der Getötete liegt noch im Garten.»
Wenn du nur etwas tätest, mein Freund,
mit einem Helm oder einer Sichel –
Denn wenn du so da sitzt am Rande des Sofas,
deine Hände eingeklemmt zwischen deinen Beinen,
in Schweigen versunken, nach deinem vierten Glas,
spüre ich, wie in mir ein Gefäß zerspringt.

Zugehörigkeit

Wer durchsuchte mein Zimmer, als ich fort war?
Die Vase ist leicht verschoben,
das Bild mit dem erschlagenen Ritter an der Wand hängt
    schief,
meine Papiere zeigen an den Rändern Spuren flüchtiger
    Lektüre,
so lasse ich mein Hemd nicht liegen,
so lasse ich mein Kissen nicht zurück.
Wer durchsuchte mein Zimmer, als ich fort war?
Wie wäre das möglich?
Welche Stille rückt die Vase wieder an ihren Platz?
Welcher Friede gibt dem erschlagenen Ritter

seine Wohlgestalt wieder und hängt ihn gerade an die
   Wand?
Was gibt meinem Hemd, meinem Kissen das Geflüster
   zurück?

Verwirrt wirst du Wein bringen

Einen kleinen Moment, bevor es klingelt.

Bald werden sie kommen mit Wellen in ihren Händen
   und lautem Gelächter.
Sie werden die Ecken des Wohnzimmers ausfüllen
und fortfahren zu reden, indem sie dir in die Küche
   folgen.
Wie aber, wenn sie das Schlafzimmer betreten,
kannst du ihnen alles erklären?

Verwirrt wirst du Wein bringen,
behaupten, daß du ein Schläfchen gemacht hast, als es
   schellte,
und daß du, als du erwachtest, diese vielen Flügel vor-
   fandest,
diese Flügel, die in dem Moment, als sie eintraten, jeder
   von ihnen als einziger gesehen zu haben glaubte.

Verben im Präsens

In seinen Augen die Wolke der Emigration,
und in der ledernen Tasche das Buch,
der Bleistift
und das Familienfoto.

An seinen Händen der Rost der Sitze, der Rost von
   Geländern und Türklinken,
an seinen Händen des Händeschüttelns Rost.
Der Koffer lehnte an der Wand.
Holt er zuerst seine Fahrkarte heraus
oder, einem Zauberer gleich, ein Heimatland,
ein Haus,
eine Straße,
eine Hauptstadt?

Er schloß die Augen, lehnte sich an die Schulter seiner
   vogelfreien Gewohnheiten:
Mit einer neuen Vase will er sich nicht mehr anfreunden,
einem Bett, das im nächsten Krieg in die Luft fliegt,
will er nichts mehr gestehen,
keinen Tee wird er machen,
nicht singen.
Lange wird er zwischen Küche und Diele herumstreunen,
und genau hinhören auf das Geräusch, das von der
   Gartentür kommt...
es ist nichts als das Zerbrechen von Blättern unter
   Schritten,
die vorübergehen,
sich entfernen,
nichts als Brocken eines Gesprächs aus dem Nachbarhaus.

[1986]

Das Lineal der Gebote

Unsere Fehler, die wir nicht in der Hand haben,
eilen uns immer voraus ins Bett,
verharren eine Stunde, oder solange sie wollen,
zwischen Wimper und Wimper,

winken vor unseren Augen mit dem Lineal der Gebote,
entführen uns in die Stube der Hexe,
zur schwarzen Hyäne,
zum Bau der Skorpione.

Unsere kleinen Fehler,
unsere verwöhnten Fehler,
stehen immer vor uns auf,
gehen unter die Dusche,
kämmen ihre Haare, betrachten sich lange nackt in
   unseren Spiegeln,
und noch bevor wir erwachen,
werden sie erwachsen und schön geworden sein.

[1992]

Die halbe Nacht

Seine Berührung ist Weizen,
wenn er seine müde Hand auf unsere Schultern legt.
Sein Schweigen ist eine hochgewachsene Zypresse,
denn er beklagt sich nicht.

Damals verstanden wir die Ähren nicht,
verstanden nicht den Tau.
Ein Wunder war es, wie er das Brot unter uns teilte
und unsere Tage und unsere Gebote.

«Haltet es immer warm,
euer Brot, wenn ich fort bin.»

Nach der halben Nacht dreht er
seinen Tabak zwischen seinen Fingern,
schaut in den Zimmern umher,

zählt uns,
deckt unsere aufgedeckten Glieder zu,
schaut ein wenig aus dem Fenster,
in die Ferne, nachdenklich.

Meine Mutter, die tausend und ein Irrgarten ist,
folgt den ganzen Morgen lang seiner Glut,
Asche für Asche.

Jetzt, hier vor uns

Das ist nicht der Morgen, für den wir die ganze Nacht durchwachten
und dem sich unsere Bäume entgegenreckten,
aber der Abend ist ausreichend klar.

Sollen wir sagen: Die Ähren sind erwacht
bei seiner Ankunft, und erwacht ist der Horizont?
Und sollen wir fortgehen, voller Vertrauen,
auf durchgeweichten Wegen vielleicht,
zu Jahreszeiten, die wir uns ausgedacht haben?

Behaupten wir, daß die Sonne aufgeht, jetzt, und uns bescheint,
während wir fortziehen, schattenlos, in einer langen Dunkelheit?

Es ist kein prächtiger Morgen,
aber er warnt schon vor dem Abend,
der uns erwartet.

Fernes Licht

Hart, kalt,
zieht der Herbst unsere nackten Bäume an sich:
Befreitest du wenigstens die Vögel aus deinen Fingerspitzen
und ließest ein kleines, kleines Lächeln
aus diesem eingesperrten Schrei entkommen, den ich sehe!

Singe! Wäre es möglich, daß wir singen,
als ob wir, enthoben, Hand in Hand
beim Schatten Zuflucht suchten, unter starker Sonne?
Verharrst du so,
das Feuer schürend, schöner noch, als es sein müßte,
verschwiegen?

Die Dunkelheit wird tiefer,
und unser einziger Trost ist das ferne Licht,
das von Beginn an, Stück um Stück, schwächer wurde
und nun beinah verlöscht.

Komm her zu mir, komm näher und näher,
ich will, daß sich unsere Hände nicht mehr unterscheiden.
Und gib acht, daß wir nicht einschlafen: Uns wird der Schnee bedecken.

[1996]

Tahar Bekri (Tunesien, geb. 1951)

Die Durchquerung des Schweigens

> Mangels Sonne lerne im Eis zu reifen.
> *Henri Michaux*

    I
Umarmung
des Traums
    auf den Flügeln der scharlachroten Nacht
    erschöpfter als das Meer
    vermischt die Flut dein Antlitz
    mit den grünen Gefolgen

    Unterhalb deiner liebenden Wolken ungeduldiges Lärmen

    II
Eingraviert
ins Gedächtnis
    von unanfechtbarem Gold
    dein schillerndes Erinnern durch Schmelzen
    geläutert
    hingekauert in meine hundertjährige Träne
    dein Schmerz, der vorangeht

    Die Tage verwittern, fossile Kristalle

                    III
Kurzes
Leisewerden
            ins Garn der Litanei geflogen
            versiegelt
            zwischen Stille und Rätsel
            gesteinigter Stern

            In den Narben des Vulkans deine Stimme
                begraben

                    IV
Taub
deine Lider
            für die Schreie des brennenden Phönix
            aufgeschlagen
            für die Elfe
            und das Vergessen

            Im Flechtwerk des Traums ohne Schutz der
                Wind

                    V
Vom Sand
getragen
            auf dem Rücken der Unsicherheiten
            rastloser Schnee
            in der Auflösung des Lichts
            geperlt

            Der Tau auf der Stirn des verängstigten
                Morgens

VI

Wasser-
Trägerin

    im Schatten entschlummerter Flüsse
    bäumt sich auf
    deine Flamme
    in der gelösten Starre

    Auf dem Arm des Blitzes die brennende
        Tätowierung

VII

Dem Schatten
treu

    entwendet die Windstille deine Sonne
    aschenes Licht
    inmitten des verbannten Regenbogens
    füllen schon die fahlen

    Rinden dein Boot, Schiffsladung in der
        Strömung

VIII

Ins Unbekannte
getrieben

    wie zarter Efeu
    auf kurzlebigen Mauern
    die ungewisse Klarheit
    auf der Lauer des brachen Herzens

    Stein für Stein errichtest du die aufgebäumte
        Schmach

IX
Erhebt sich
in Versuchung
        durch die Tugenden der Leere
        die stolze Klippe
        zerfressen von Warten und Amnesie
        die aus ihren Grenzen vertriebene Erde

        Des Ankers der Qual bemächtigen sich die Fluten

X
Entschwinden
der Zeit
        bereit, zu nichts zu werden
        bevölkert von unseren Unverbesserlichkeiten
        an der Kreuzung besiegter
        Bündnisse erneut beginnend

        Auf deinen verschreckten Lippen tanzt der Regen

XI
Voraus-
gehend

        den bündigen Gesängen
        der Verwirrung entsprechend
        die Sprache
        du gestehst dem Geschwätz den Schrei zu

        Der Baum des Lehms eingenommen vom gebenden Seim

XII
Eingeweiht
ins Äußerste

    ungestüm von den Weiten verschlungen
    verheerenden Prismen ausgeliefert
    der Ozean bedarf all dieser Schiffbrüchigen
    um den Horizont zu zähmen und zu
        entfernen

    Den fetten, schweren Ruß auf deinem ver-
        dunkelten Himmel

XIII
Dem Lärm
entkommen

    in die schroffe Stille
    Lautenbauerin
    der Brandung dissonanter
    Akkorde geweihte

    Die Melodien kommen und gehen in den
        leeren Muscheln

XIV
Dem Feuer
verbündet

    und der schillernden Schließe
    im Wasser das Schwert
    durchschneidet
    unentwegt die Maschen

    Verwegene Bohrerin, aufbegehrender
        Gedanke

XV
Wollkämmerin
der Strahlen
      unseren abgestorbenen Stümpfen entsprungen
      die Quelle
      wird Seim
      oder untröstliches Strömen

      Im Flirren des Lichts das Orakel gebärend

[1993]

Mundhir Masrî (Syrien, geb. 1949)

28. 10. 1973

Er zog in den Krieg und kam heil wieder heraus.
Doch ganz so einfach liegt die Sache nicht,
denn das Feuer nistet nun in seinem Bett,
und der Rauch erstickt
seine Träume.

Bruchstück

Wenn ich die billigen, buntbebilderten Illustrierten,
das japanische Radio
und die Schachtel mit den Papiertaschentüchern –
all jene Dinge, mit denen sich die Dichtung nicht
   abgeben möchte –
ignorierte,
dann blieben bei mir auf dem Schreibtisch
ein rostiger Aschenbecher,
den ich gar nicht benutze,
und ein langes, zylinderartiges Gefäß aus Aluminium,
das früher einmal angefüllt war mit Kochsalz
oder Milchpulver
und das jetzt einen großen, gemischten Strauß beherbergt
aus blauen
roten
und violetten Blumen,
die keinerlei Duft verströmen,
ganz so wie diese Mixtur
aus meinen Erinnerungen jetzt.

                                              [1979]

Das Echo, das sich irrte

Ich blieb,
weil du mich
nicht nur mit deiner schwachen Stimme,
sondern mit deinem Blick
auffordertest
zu bleiben.

Drei Finger auf deinem Mund
und das Fenster voll der Leere,
die unsere Augen ausspähten,
der Leere, die zwischen uns war.

Bald spürte ein jeder von uns seine Dummheit,
und wir tauschten ein kurzes Lächeln aus,
wir versprachen uns, zu prüfen,
was unsere Hände zu fassen bekamen,
ausgetrocknete Federhalter, die nicht mehr schreiben,
Einfälle, die untergehen,
Gefühle, die umherirren
zwischen der Vase für das ausgedörrte Steppengras
in Form einer Faust
und dem weißen Aschenbecher
in Form einer Handfläche.
Als ich den Gegensatz verstand zwischen dem, was ich
  sagte,
und dem, dem du zustimmtest,
auch als ich es für dich wiederholte und dir,
auf korrekte Art und Weise,
zu verstehen gab, was ich meinte,
und du auch diesem zustimmtest,
stand ich,
als wollte ich dich prüfen,

am Rand einer Schlucht
und schrie einen Namen,
doch das Echo antwortete mir
mit einem anderen Namen.

Leichter Regen

Du hast nichts dagegen,
daß dich auf dem ganzen Weg
ein leichter Regen begleitet.
Du läufst, und das Nieseln berührt dein Gesicht,
ohne daß du erwägst, in ein Auto zu steigen
oder dich unter einen Balkon zu stellen.

Du hast nichts dagegen,
schnell dorthin zu laufen, wo du hinsollst,
während so ein Regen auf dich niedergeht
und du doch deinen Schirm vergessen hast,
dort, von wo du fortmußtest.
Du brauchst nicht jeden Tag einen klaren Himmel,
und es ist unsinnig, darum zu bitten,
diesen ganzen Weg
unter einer stechenden Sonne zurückzulegen,
die dein Hirn verbrennt.

So ein leichter Regen
kann überhaupt nicht schaden,
selbst wenn der Wetterbericht dich getäuscht hat
und du keinen Mantel angezogen hast,
selbst wenn du schon
die Hälfte deiner Haare verloren hast
und doch keinen Hut trägst
und wenn der Regen in deinem Bart hängt,

fließt ein Tropfen davon
über deinen Mund,
wo deine Zunge zwischen deinen Lippen
die Spitze herausstreckt
wie eine Eidechse ihren Kopf
und den Tropfen abpflückt –

und bald wirst du spüren,
wenn du die Augen schließt,
wie er dein Herz benetzt.

Gott sei Dank
kann ich noch
ein paar Gedichte schreiben.

Wäre mir auferlegt, einen Gott anzubeten

Wäre mir auferlegt,
einen Gott zu wählen,
den ich anbeten, dem ich dienen soll,
dann wäre der Gott meiner Großmutter,
den sie mit mir sandte,
wohin auch immer ich ging,
und den sie beauftragte, mich zu beschützen,
wo auch immer ich war,
und von dem sie verlangte,
daß er mir eine Welt werden ließ,
die mich noch lieber hätte als sie selbst –
dann wäre dieser mein Gott.

Es war meine Sache einmal, das Feuer anzubeten,
es war meine Sache, ein Idol zu vergöttern,
und eines Tages verehrte ich einen Führer,
und eines Tages

niemanden mehr.
Da fand ich keinen Ausweg,
denn meinen Kopf zu neigen,
als meine Großmutter sagte:
Es ist besser für dich,
wenn dein Leben in Gottes Hand ist,
als wenn es
in der Hand der Menschen ist.

Mein Gott wäre der Gott meiner Großmutter,
die mir einen leckeren Granatapfel auf einem Teller
　anbot,
und mir riet, keinen Kern
auf den Boden fallen zu lassen,
denn Gott
legt in jeden Granatapfel
einen Kern von den Granatäpfeln des Paradieses,
und als mein Onkel die sterblichen Reste meines Groß-
　vaters
in einem Plastiksack zusammensammelte
und ihn auf seinem Mofa
vom Ostfriedhof,
wo der Bahnhof errichtet wurde,
zu seinem neuen Grab fuhr
im Mauerschatten der Maghrebi-Moschee,
sagte sie:
Gott erbarme sich seiner,
es war ihm vorherbestimmt,
hinter einem seiner Kinder auf dem Mofa zu fahren.

Der uns sagt, das Gebet sei besser als der Schlaf,
und uns träumen läßt,
der uns befiehlt, dies und jenes zu lassen,
aber wenn wir gezwungen sind, es zu tun,

ist es nicht so schlimm.
Der, wenn wir sündigen einmal, zweimal oder gar dreimal,
der, wenn wir unser ganzes Leben als Sünder verbringen
und im letzten Augenblick
Buße tun und um Verzeihung bitten,
es annimmt.
Der auf die Welt nichts gibt
und sie doch erschuf
und ihre ganze Bürde trägt,
der keinen anderen Daseinszweck hat,
als zu lieben
und niemanden an seiner Liebe teilhaben zu lassen,
der, wenn meine Großmutter sich hinsetzte,
um in seinem Buch zu lesen,
und den «Thronvers» murmeln wollte,
den sie auswendig kannte,
aber bei jedem dritten Wort,
eine Seite aus der Sure «Die Kuh» umblätterte,
trotzdem hörte und verstand und sich freute.

Ich sagte zu ihr:
Großmutter, weißt du,
daß zwei Drittel des menschlichen Körpers
aus Wasser bestehen?
Sie entgegnete: Nein,
zwei Drittel
sind Tränen...

Abdallah Zrika (Marokko, geb. 1953)

Blaue Weißen

1
Ich werde erst gehen, wenn ich dieses Zimmer mit dem Rauch meiner Seele angefüllt habe.

Und ich werde nicht sprechen, denn hinter den Wörtern, die in meinem Mund verwesen, werden Würmer herauskriechen.

Und ich werde die Tür nicht abschließen, bevor alle Tiere meinen Kopf verlassen haben.

Was werde ich sagen, wenn die Insekten dieses ganze Schweigen zernagt haben?

Weißt du, daß diese Nadel, mit der ich die Wörter nähe, dieselbe ist, mit der ich mein Leichentuch nähen werde?

Und daß die Mädchen, die die Kleider waschen, das dreckige Wasser zwischen meinen Wörtern hindurchfließen lassen werden?

Aber sag mir, was die blinde Fliege im Antlitz jenes Kranken liest.

Und wie zieht diese Kamille ihr Gelb aus dem Gift eines Skorpions?

Und was ist das für ein Tod, der in Mondgestalt durch das Firmament zieht?

Und was sind diese Wörter, die wie verfaulte Zähne aus meinem Mund fallen?

Und warum durfte das Schweigen am Schluß diese Scheiben zerschlagen?

Und als ich dieses Gedicht zu Ende schrieb, schlichen sich die Dichter durch das Tor jenes Friedhofs, und eine blinde Fliege wälzte sich im Staub der Toten am Ameisenhügel.
Und das Vergessen fraß den Kopf einer einäugigen Frau.
Und das Weiß umhüllt dieses Blatt wie ein Leichentuch.

Und weil ich sehr erschöpft war,
legte ich das Kissen auf den Horizont
und schlief ein,
nachdem ich die Sonne über meinem Kopf löschte.

Doch als ich die Wüste dieses Blatts
durch das Tor des Windes betrat,
wurde ich gelöscht.

Dann wischte ich eine Regenträne ab, die aus meinem Auge floß.

Und folgte der Spinne meines Auges, bis sie sich an ihren Fäden auf einer Fliege niederließ, die an die Wand gezeichnet war. Aber ich fürchtete, daß meine Seele aus einem Loch hervorlugt und an den Fäden hängenbleibt.

2
Ich beginne beim Meer,
wenn ich zu einem einzigen Tropfen Wasser gelangen will.

Und bei der Sprache insgesamt,
wenn ich ein Wort nur erreichen will.

Und beim Schreiben,
wenn ich zum Weißen gelangen will.

Iß kein Brot,
sondern Kerzen,
wenn du die Finsternis des Bauches erleuchten willst.

O das Weiß, das im Herzen dasselbe ist wie in diesen Wolken.

Aber wer sieht diese Ameise, die aus Vergeßlichkeit in die Höhle des Vergessens ging?

Und wie könnte ich schlafen, wo die Nacht die Asche ist aus dem Kohlenbecken des Tags?

Ich werde mich abwenden, um nicht dieses alleinstehende Haus sehen zu müssen, das wie ein Grabstein für die Leere erscheint.

Und niemand warnte mich, als ich beinahe das Horrorkabinett betreten hätte, das zum Foyer meines Kopfes führt.

Aber wer öffnet diesen riesigen Schrank, der den ganzen Horizont versperrt?

Und auch dieses verbliebene Wort werde ich zerquetschen wie eine letzte Laus.

Sag mir:
Kennst du das Tor, das uns aus diesem Friedhof entläßt?

Das Rot der Sonnenhosen

1
Ah, wie sehen,
wo doch das Auge beschnitten ist?

Und ist dies eine Erde
oder ein Waschstein?

Und was ist dieser Weg, der sich vom Harem zum Paradies erstreckt?

Und diese Frau, die nur vom Rücken ihres Dieners durch das Fenster die Bahre sehen kann?

Und diese nutzlosen Wasserhähne aus dem Rost einer Kehle?

Und diese Sterndeuter, welche die Fliegen nicht in den Himmel schauen lassen?

Und diese Labyrinthe, die zu einem Hundebiß führen?

Aber ich weiß nicht, ob es zwischen Westen und Osten einen Schleier und einen Rosenkranz aus Sünden gibt.

2
Wie könnte deine Hand nicht zur Hure werden,
wo du doch jeden Tag malst?

Und was geschieht mit ihr, wenn die Leinwand ein Feld wird und dein Auge eine Krähe?

Und was hätten Monet, Renoir und Pissarro gemacht, wenn sie nicht hinaus an die frische Luft gegangen wären?

Und was wäre dann die Farbe der Narrheit, wenn nicht gelb?

Und was wäre ein Pinselstrich wert, wäre er nicht scharf wie eine Klinge?

Hast du dieses Gesicht gesehen, das einem Stück Brot ähnelt,
und Frauen wie Kartoffelknollen
und eine Sonne, die für keinen Morgen taugt?

Was hätte Matisse gemacht, hätte er nicht in eine rote Hose gefurzt?

Und was wäre dieser Tisch, hätte er nicht gewartet, bis Van Gogh aus der Ödnis des Krankenhauses gekommen wäre?

3
O Ingres,
warum beginnt der Körper beim Rücken?

O Degas,
wer tanzt,
die Hüfte oder der Hunger?

O Michelangelo,
was ist die Renaissance anderes als die Renaissance des Körpers?

Und wäre die Entdeckung Amerikas möglich gewesen vor der Entdeckung der Falten des Körpers?

Ich vergaß, wie ich in diese völlig verfallene Bar geraten war, wo Manet in seiner öligen, zusammengeschrumpelten Hose stand, Bonnard einer Frau half, ihr Hemd auszuziehen, und Matisse einen Frauenschenkel mit dem Blau seiner Augen malte. Sonst sah ich niemanden.

Doch an der Tür erkannte ich noch Modigliani, der gerade versuchte, das Fahrrad einer Frau zu besteigen, die sich aus Versehen vornüberbeugte.

[1994]

Amdjad Nâsir (Jordanien, geb. 1955)

Der Wagen und das Pferd

Dies ist der Wagen,
das ist das Pferd,
jenes die Entfernung.

Der Wagen
das Pferd
und die Entfernung
brauchen eine Peitsche:
Und da ist die Peitsche...

Dies ist der Wagen,
das ist das Pferd,
jenes die Entfernung,
dieses die Peitsche.

Der Wagen
und das Pferd
und die Entfernung
und die Peitsche
brauchen einen Mann:
Und da ist der Mann...

Dies ist der Wagen,
das ist das Pferd,
jenes die Entfernung,
dieses die Peitsche,
dies ist der Mann.

Der Wagen
und das Pferd

und die Entfernung
und die Peitsche
und der Mann
brauchen eine Pfeife.

Da ist die Pfeife,
dies ist der Wagen,
das ist das Pferd,
jenes die Entfernung,
dieses die Peitsche,
dies ist der Mann,
das ist die Pfeife.

Der Wagen
und das Pferd
und die Entfernung
und die Peitsche
und der Mann
und die Pfeife
brauchen Tabak...

Da ist der Tabak,
dies ist der Wagen,
das ist das Pferd,
jene die Entfernung,
dies ist die Peitsche,
dieses ist der Mann,
das ist die Pfeife,
dies ist der Tabak.

Der Wagen,
das Pferd,
die Entfernung,
die Peitsche,

der Mann
und die Pfeife
brauchen eine Frau.

Da ist der Mann, der sich über seine Pfeife beugt,
da ist die Frau,
sie zittert mit ihren Blumen.

Aber was passiert,
wenn der Mann und die Frau
keine Hand zum Anfassen finden,
keine Zunge, um zu sprechen,
und keinen Mund für den Kuß.
Im Ernst,
was geschieht, wenn der Mann der Frau
ins Gesicht niest,
während die Frau ganz mit der Hand beschäftigt ist,
die doch nicht an die Taille eilt,
und mit der Zunge, die keine Wörter netzen,
und diesem Mund, der nichts als eine Reihe kleiner
   Knochen preisgibt
eine Anzahl Bauern in Weiß,
die nur von der Zahnbürste besiegt werden,
jeden Morgen.

Beirut, Dezember 1979

Exil

Hast du gesehen?
Wir haben uns nicht sehr verändert,
und vielleicht veränderten wir uns nie:
die vollen Laute,
der beduinische Tonfall,

der lange Hals
und die Frage nach den Verwandten und dem Vieh,
gurgelndes Lachen.
Der Geruch alten Brennholzes,
das im Schuppen gestapelt ist,
hängt immer noch in unseren Kleidern.

Hast du gesehen?
Wir haben uns nicht sehr verändert,
und vielleicht veränderten wir uns nie:
das in der Hocke Sitzen,
die Wäsche an den Leinen vorm Haus,
die Kinder voller Staub und Lehm,
der Minztee am Abend,
die erfrischend üble Nachrede,
das mit wenig Zufriedensein,
das Rache Nehmen
und das Blut, das nicht zu Wasser werden will,
all dies, ganz so, also wären wir noch in Mafraq
oder Salt oder in Kerak oder Ramtha.
Als hätten wir die nördlichen Grenzen nicht überschritten
in die großen Städte
und an die Küsten,
wo der Krieg tost
wie das Meer
und sich die Fremden gegenseitig am Kragen packen
oder von ihren Balkonen
Kugeln auf die Wäscheleinen feuern.

             Beirut, 29. 1. 1982

Alleine

In diesen Nächten,
wenn
die Wände zu atmen beginnen,
wenn
der Weihrauch des Betons sich
zwischen meinen Fingern und den Nasenlöchern ausbreitet,
wenn
wir nach runzligen Gesichtern suchen
und verschorften Händen,
wenn
wir unsere Stimme in einer hermetisch verschlossenen
  Schachtel erheben,
wenn
das Echo nicht ankommt,
wenn
wir die Hände heben
und kein Schatten fällt,
wenn
nicht an die Tür geklopft wird
und niemand unter dem Fenster vorbeigeht,
wenn
wir selbst das Geräusch der Ameisen im Schrank nicht
  hören,
nicht einmal die Geräusche der Liebe in den Zimmern der
  Nachbarn,
wenn
wir zur Schublade stürzen
und kein Foto mit der Familie finden...

Wenn
wir nach einer Pistole suchen,
einem Messer

oder einer Schlinge,
und nur den Putz an der Wand finden,
der schweigend abplatzt,
wenn
wir nach unseren Namen suchen
und uns nicht mehr erinnern,
wenn all dies geschieht,
nachts
in einer hermetisch verschlossenen Schachtel –
was tun?

                                        Nikosia, VIII. 1983

Saif ar-Rahbî (Oman, geb. 1956)

Die Lampe

Die Wunde des Fensters, das ich jeden Tag sehe,
erhellt die Nacht
wie eine Laterne, die hinableuchtet in die bodenlosen
 Tiefen
der Wunde des Menschen.

Schritte

Ich gehe und spüre, wie unter meinen Füßen
ein Himmel mit allen seinen Opfern erbebt
und eine Erde über meinem Kopf aufhört, sich zu
 drehen.

Hinter mir höre ich den Donner von Schritten,
Schritte von Leuten, die aus der Vergangenheit kommen,
schweigsam, als säßen Vögel auf ihren Köpfen.
O Vergangenheit,
weiche ein wenig zurück,
damit wir den Spaziergang von heute vollenden.

Kindheit

Wir können unsere Fangnetze nicht von den Klauen der
 Raubvögel lösen,
wir können nicht weiter gehen als zur Schlinge des
 Hohlwegs.
Süß ist es, um das Schlafzimmer herumzustreuen

und die Fische zu essen, die die Eltern für den Sommer
   aufbewahrten.
Zweideutig schien der Mond
über denen, die auf dem Dach schliefen,
wie ein Kranz aus der Geheimschrift der Bäume.
Die Vögel der Ewigkeit und unsere Körper
trennte noch nichts.

Die Sehnsucht nach den Höhen

Sie rissen die Pflöcke ihrer Zelte und ihre Herzen heraus,
warfen die Jurten auf die Pferde,
wechselten schwerverständliche Worte
und zogen fort.

Ihre Feuerstellen und Erinnerungen ließen sie hinter sich
und schlugen einen Weg ein, der nicht der ihre war.
Sie sahen Schluchten und Schlangen, die Feuer spien,
einen Himmel, der über seinen Bewohnern zusammen-
   stürzt,
und Donner, die die Haut der Ewigkeit zerreißen.
Sie schleppten die Täler und Bäume mit müden Füßen
   fort
und sehnten sich immer nach Höhen,
zu denen sie nie gelangen werden.

Der Morgen

Der Schatten des Frühlichts spitzt sich vor der Schwelle
   zu,
und die Vögel flüchten zu fremden Orten.
Die Angst trieb sie zu den Kasernen,

und du hörst nur das Aneinanderschlagen ihrer Flügel,
als wären sie Auswanderer, die vor einem Massaker
 geflohen sind.

Es war von Anfang an ein düsterer Morgen.

Museum der Schatten

Weiße Vögel überqueren große Flüsse
in Nächten, die einsamer sind als Kriegswitwen.

Brücken und Bäume, die verschlossenen Auges
mit den Passanten spazierengehen
wie in einem Museum aus Schatten.

Und in der Ferne siehst du ihre Schemen
inmitten leerer Flaschen taumeln:
Denn der Tag ist töricht.

Du kennst sie einzeln
wie einen unumkehrbaren Fluch,
wie Würden, die keinen Namen haben.

Sie sind aus dem Nachbarhaus deiner Träume gekommen
auf der Suche nach einer Brust, die barmherziger ist als
 die Erkenntnis,
und im großen Schatten eines tiefschwarzen Morgens
fehlt plötzlich alles
außer einem vereinzelten Lachen.

Dürre

Alle Wasser der Welt
ergossen sich in mein Inneres,
da trank ich sie Träne um Träne
und verschwand.

Unser altes Haus

Mit den Schritten eines,
der durch Täler schreitet, die mit Schrecknissen möbliert
 sind,
Täler, die ich nicht berühren,
an die ich mich nur schwer entsinnen kann,
mit einem Schritt, der einem solchen ähnelt,
trete ich in unser altes Haus, in welchem
müde Pferde wohnen, zwischen deren Wiehern
die Geister der Ahnen wandeln.
Die Tür mit dem Riegel öffnet sich auf diesen verlassenen
 Raum,
ein Geruch von gebratenen Fischen,
ein Geruch von Gas, das aus einer ärmlichen Heizung
 entweicht,
die Krüge an ihrem alten Platz im Gespräch mit den
 Ecken,
und auf der Feuerstelle kocht das Wasser,
die Herde kehrt von der Weide zurück,
bis auf das Mutterschaf, das der Wolf fraß,
an der Wand hängen die Sättel und die Gewehre,
wie auf einer Trauerfeier,
und morgen ist das Opferfest,
doch die Kinder haben vergessen, Strümpfe zu kaufen
oder vor dem Schlafengehen ihre Füße zu waschen.

Den Himmel des Dorfes gürten weiße Wolken,
sie begleiten die Reisenden zu abgelegenen Weilern,
während wir im Regen der Feste schwimmen.
Die Vögel picken sanft mit ihren Schnäbeln an der Luft,
damit sie mit uns auf den Dächern sich erhebt,
auf den Dachterrassen aus Lehm,
wo wir Datteln und Träume trockneten
und dann einem schnaubenden Bullen vor die Hufen fielen.

Flecken einer mageren Sonne
besetzen dort das Haus mit ihren Vögeln und Frauen
und ihren vergangenen Bäumen, schlendern umher
wie Hirten zwischen Ruinen,
und jenseits des äußeren Zauns
siehst du die Palmen als schwärmende Geister,
die mit Minaretten zusammenstoßen,
als Schiffe, deren Segel schlaff herabhängen
auf nebligen Meeren,
zwischen deren Schlaf und grünen Träumen
der Abend seine nächste Zerstreuung verbirgt.

[1988]

Imân Mirsâl (Ägypten, geb. 1966)

Die Verehrung für Marx

Wenn ich vor einem hell erleuchteten Schaufenster stehe,
in dem die Damenunterwäsche blüht,
muß ich immer an Marx denken.

Die Verehrung für Marx ist das einzige,
was die Männer gemeinsam hatten,
die ich liebte und denen ich,
mal mehr, mal weniger,
erlaubte, einige dieser wilden Blumen
von meinem Körper zu pflücken.

Marx, Marx,
ich werde dir nie verzeihen!

Abtreibung

Seit diesem Tag,
den Blick abgewendet
von den leeren Kartons,
den sorgsam ausgestopften Plastiktüten
und den Müllmännern,
die zur Stadtreinigung Kairo gehören,
sage ich mir,
sicher liegen wieder
in diesen vollgeladenen Karawanen von Haushaltsmüll,
in einem Stück Leinen, das längst nicht mehr weiß ist,
zahllose Föten,
mit vor Schreck weit aufgerissenen Augen,

unfähig, auf die Bäuche zu weisen,
die sie ausgetrieben haben.

Ich schaue mich um

Normalerweise schaue ich mich
mit der Wachsamkeit eines Geschöpfes um,
das ständig mit dem Kollaps rechnet.
Vielleicht hat deshalb mein Nacken eine Kraft,
die nicht meinem Körper entspricht;
doch erstaunlich ist,
daß ich nicht mit einer echten Kugel
aus einer leeren Seitenstraße rechne,
auch nicht mit einer Schere als lautlosem Tötungswerkzeug,
sondern mit einem ganz und gar flüchtigen Zusammenstoß
von Augen, die ich zu kennen glaube
und die doch fähig sind, die Tat zu vollbringen.

Nach einem warmen Bad

In ihren ersten Gedichten
schilderte sie die Gegenwart des Geliebten als das Paradies.
Kein Zweifel: selbst wenn sie die Augen schlösse
nach einem warmen Bad und einem Glas Milch,
ohne Gesichter an der Wand, die sie ständig verfolgen:
Ein Paradies kann sie sich nicht mehr vorstellen.
Doch die Dinge, die jeden Tag geschehen,
beweisen mir wenigstens,
daß sie ihren ersten Gedichten
noch zu einem großen Teil ähnelt.

Das Spiegelkabinett

Wir werden zusammen auf den Jahrmarkt gehen
und das Spiegelkabinett betreten,
damit du dich siehst, größer
als die Palme deines Vaters,
und mich neben dir, klein und gekrümmt.
Sicher werden wir viel lachen,
wir werden miteinander Mitleid haben,
und beide werden wir wissen,
daß der andere eine Kindheit auf dem Rücken trägt,
in der es verboten war,
auf den Jahrmarkt zu gehen.

Das ist gut

Bereitwillige Schultern
trugen den Mann aus dem Nachbarbett
auf den öffentlichen Friedhof.
Das ist gut für dich,
denn es ist kaum wahrscheinlich,
daß der Tod ein und dieselbe Tat
im gleichen Zimmer, an einem einzigen Abend
wiederholt.

Mit ihrer ganzen guten Laune

Ich nehme das Telefon mit ins Bett,
und vor dem Schlafengehen rede ich mit ihnen über alles
 mögliche,
um sicherzugehen, daß es sie wirklich gibt
und daß sie fürs Wochenende schon verabredet sind

und daß sie eine Versicherung haben,
die ihnen Angst vor dem Altwerden macht,
und daß sie manchmal lügen.

Ich werde sichergehen, daß es sie wirklich gibt
mit ihrer ganzen guten Laune
und daß ich alleine bin
und der Morgen kommen kann,
solange es nur neue Gehässigkeiten gibt.

[1995]

Muhammad Mutawallî (Ägypten, geb. 1970)

Ein Mond, der verlorenging

Der Strand ist menschenleer,
nur zwei Kinder,
die dem kummervollen Mond hinterherblicken,
dessen Schnur
ihren Händen entglitt.

Zwei Freunde

An so einen Strand
kommt nur ein einsamer Vogel,
der sich auf den Schiffsrümpfen niederlassen will.
In so einem Haus
neben einem dürren Baum
setzt sich auf den Balkon
nur ein einsamer Mann,
der einen Vogel beobachten will.

Oh Jesus! Don't you like musical comedy?!

Zu Weihnachten
versteckt sich ein trunksüchtiger Jesus vor der Polizei,
die Prominentenparanoia hat ihn befallen,
denn überall, wo er hingeht,
umzingeln ihn Plakate mit seinem Bild
mit einer Augenklappe und dem Revolver eines Cowboys,
und er macht sich wie eine gelangweilte Witwe daran,
etwas auszuhecken, um die Rosenverkäufer reinzulegen,

die in seinem Namen mit den religiösen Anlässen Geld
   verdienen
und hinter ihren trüben Scheiben boshaft den Kindern
   zulächeln,
die seinen geliehenen Bart mit den Heliumballons
   verschnüren
und zwischen seinen Beinen hindurchflitzen.
Wenn der Weihnachtsmann an ihm vorübergeht,
spukt er ihm ins Gesicht,
nachdem er ihm den Sack mit den Wünschen geklaut hat;
sein Wunsch ist, er besitze eine Kneipe,
in der würde er hinten sitzen
und die Huren auf seine Freunde verteilen.

Zu Weihnachten
begnügten sich die Bettler nicht mit den Münzen,
die in das Becken der Fontäne geworfen wurden,
und flehten ihn an,
doch oben auf seiner Wolke behielt er das ganze Brot und
   alle Neujahrskrapfen für sich,
und die Fischer ließen ihm die Fingernägel lang wachsen,
damit er ihnen Perlen aus den stillen Seen fischt
(einer von ihnen entdeckte Jesus in einer Muschel,
die probierte er als Köder für Wale aus,
immerhin angelte sie ihm einen gar nicht so üblen Schuh).
Ebenfalls scheiterten die Bauern damit,
ihn als Schreckscheuche zu benutzen,
denn die Vögel machten sich aus seinem Kopf ein Reser-
   voir für die Körner.

Zu Weihnachten
weinen die Fahrgäste in den Zügen heiß und innig,
weil er sie mit seinen Flüchen belegt,
und alle Abflußrohre reichen nicht aus,

um ihre Tränen auf die benachbarten Felder zu leiten,
wo der Weichensteller in seinem fernen Wärterhäuschen
   liegt
und davon träumt, Weichen über dem Abgrund des
   Ozeans zu stellen.
Aber keine Flügel fliegen mit dem Häuschen
weg von dem Baum, an dem das Bild des Ausbrechers
   klebt –
so ist er nun einmal,
macht allen die Hoffnung zunichte,
denn er ist immer noch ein Kind,
doch wie er die Brust seiner Mutter berührte,
das zeugt nicht gerade von Unschuld.

[1992]

Heute fehlen im Haus ein paar Blumen

Mutter leidet unter ihren ständigen Alpträumen,
die den Halluzinationen von Kriegsheimkehrern ähneln,
und Vaters Schnarchen zieht sich in die Länge
innerhalb und außerhalb der Träume.
Knochen, auf zwei nebeneinanderstehende Betten gehäuft;
die Kinder sind erwachsen geworden und fortgezogen,
Glückwunschpostkarten übriglassend,
die jemand abstauben sollte
und über deren Alter sich einer mal wundern müßte,
einen rührseligen Schlager aus den Vierzigern summend.
Vielleicht braucht dieses zusammengefaltete Poster von
   Chaplin jemanden, der es ausbreitet,
damit es sein strahlendes Lächeln mit dem guten Charly
   austauschen kann,
der ein schweigender Zeitgenosse war beim Selbstmord
   des Kinderlachens zwischen diesen tauben Wänden.

Früher nahm es der Vater auf echten BASF-Cassetten auf,
  und die Mutter verwahrte den Rekorder unter dem
  Wohnzimmersessel
in der Hoffnung, er würde neue Stimmen gebären,
nachdem der Glanz der kleinen Unholde verloschen war.

Aber was soll's,
dafür haben sie jetzt
ein Auto und Videocassetten, um so viele Kinderlieder aufzunehmen, wie sie möchten, und ein spezielles Gerät zur Insektenvertilgung, ein Atari-Spiel, um die Langeweile zu töten, einen Farbfernseher, um Schwarzweißfilme zu sehen und hysterisch davor zu weinen.

Außerdem besitzen sie viele Kleenex-Tücher, um die Tränen zu trocknen, und ein Telefon, in dessen Speicher sie die Nummer eines der Schnellrestaurants eingegeben haben, um mit dem Mann vom Lieferservice zu plaudern, während sie die Mahlzeit stehenlassen, bis sie kalt ist, und wegen des Essens aus diesem scheußlichen Restaurant die Religion verfluchen.
Und sie können sich
mit Zigaretten, die noch brennen,
wenn sie schon eingeschlafen sind,
unter ihre Bettdecken verkriechen,
und sie haben keine Träume,
und sie haben keine Träume.

Embryos, die mit dem Auge eines Vogels blicken

Erwartet von unserem Kommen nicht mehr als diesen Schrei in die Fratze der Welt, die von Haß und Naturkatastrophen überquillt, diesen ungestalten Schrei, der unsere Existenz zusammenfaßt, die um seinetwillen vergeudet wird.

Wir haben es satt, das Gerede unserer Mütter übers Shoppen, die Modetrends und die Skandale der letzten Nacht mit den impotenten Männern, die in den Praxen heftigst erregter Psychotherapeuten offenbart werden, während wir in einem Wagen in einer Ecke des Raumes liegen, eingerichtet für unschuldige Spielereien in gedämpftem Licht. So vergißt uns Vater gewöhnlich und beginnt damit, seine Männlichkeit auf dem wohltätigen Körper der Mutter auszulassen und ihre appetitlichen Brustwarzen abzulecken, ohne sich seines Alters zu schämen. Also haben wir begonnen zu schreien, und als wir auf die Universität gingen und Freud studierten, brachten wir vernünftige Argumente für unsere Standpunkte bei und stützten sie durch Studien, doch zum Schreien hatten wir keine Energie mehr und auch kein Begehren nach dem ausgelaugten Körper der Mutter.

Ebenso haben wir die dummen Spiele satt, die nur dazu dienen, uns zu zerstreuen und davon abzulenken, ein ‹ernstes› Gespräch beispielsweise über den Vietnamkrieg mitzubekommen. Denn mit unserem Kot können wir Sachen formen, die man mit Legosteinen nicht bauen kann, und unsere Phantasie ist viel größer als die Erzählungen der Großmütter, als die Bilderbücher und die Zeichentrickfilme. Jeder von uns ist selber ein Spiel geworden, ein Pfeil, der den Raben nachjagt und den Ärschen der Damen der Gesellschaft (im fortgeschrittenen Stadium), oder das Monster in der Kiste, das den närrischen Monster-Großmüttern ins Gesicht springt. Was ist da zu tun, sind wir doch die Kinder des *post-modernism* und müssen die zerschlissenen Kleider unseres modernism stopfen. Wir betrachten die Werbung für Pepsi und Nido zwischen Clowns und Ballons, während sich auf unseren Gesichtern ein falsches Lächeln zeigt, um den Normgeschmack zu befriedigen, der uns mit Schokolade überschüttet und uns mit groben Händen auf den Rücken klopft.

Wir sind die *satellite-dish babies*, uns sind Fühlhörner gewachsen, mit denen wir in der Dunkelheit unsere Freunde unterscheiden können. Wir sind klug genug, um die Auseinandersetzung mit den Fascho-Kids aufzuschieben, die die Katzen, die Schwulen, die Neger und die Aidskranken lynchen. Wir haben Träume genug, um uns eurer maßlosen Realität zu entwinden, Flügel, die in der Lage sind, wenigstens ein Haus aus den tristen Häuserzeilen auffliegen zu lassen, die nur schlafen, um jede Nacht in fahlem Licht von ihrer Tragödie träumen zu können.

[1998]

Nachwort

Selten dürfte eine Literatur, dürfte ein Genre eine so atemberaubende Entwicklung durchgemacht haben wie die arabische Dichtung in den letzten 50 Jahren. Sie ist heute ebenso weltoffen wie eigensinnig, so modern wie traditionsbewußt, so formlos wie formvollendet, so alt und neu und schön und rätselhaft wie die arabische Welt selbst. 21 arabische Staaten, rund 200 Millionen Sprecher, eine Literatursprache, die sich seit anderthalb Jahrtausenden morphologisch nicht verändert hat, so daß man die ältesten Worte in derselben alten Form und Aussprache in der Zeitung – und im Gedicht! – von morgen finden kann, eine Wertschätzung für Sprache, Dichter und Dichtung, die an Besessenheit grenzt, dies alles stellt die gegenwärtige arabische Dichtung gleichrangig neben die anderer internationaler Literatursprachen wie Englisch, Spanisch und Französisch. Das war nicht immer so. Noch vor 50, ja noch vor 25 Jahren, als mit Annemarie Schimmels Anthologie «Zeitgenössische arabische Lyrik» (1975) erste Kostproben daraus auf deutsch vorgestellt wurden, mochte sie den Lesern traditionell, romantisch, arglos erscheinen, und doch waren die Namen, die man heute als die Großen kennt, schon alle mit frühen Gedichten vertreten: Mahmûd Darwîsh, Adonis, al-Bayyâtî. Erst nach dem Nobelpreis für Nagib Machfus entdeckt man sie langsam wieder.

Ist die arabische Lyrik fremd, unverständlich? Gegenfrage: Könnte sie schwerer zugänglich sein als so manche moderne abendländische Lyrik? Man sollte sich ihr nur ebenso unbefangen nähern. Dann aber verbinden uns mit der arabischen Dichtung genauso viele Brücken, wie es

Flüsse gibt, die den Weg versperren. Die größten Hindernisse dürften übrigens nicht inhaltlicher, ja nicht einmal formaler Natur sein, sondern im Ton liegen, in der Frage, was als lyrisches Sprechen (noch) gilt, was Lyrik sich leisten kann. Dies ist der erste und breiteste Fluß, der sich dem westlichen, zumal dem in die Nüchternheit gezwungenen deutschen Leser entgegenstellt, aber da ist auch schon die erste, breite Brücke: In der arabischen Welt dreht sich der zentrale Streit ebenfalls um die Frage, was angesichts der explosionsartigen Pluralisierung der Lyrik in den letzten 50 Jahren überhaupt noch unbestritten als Dichtung gelten kann. Diese Diskussion spiegelt Generationsprobleme, und zugleich ist sie das Symptom krassester gesellschaftlicher und ideologischer Gegensätze. Und diese wiederum sind das Ferment für eine Dichtung, die so vielgestaltig ist, daß wohl jeder Leser etwas nach seinem Geschmack finden kann. Einige Facetten aus diesem Reichtum seien hier näher erläutert.

DICHTUNG UND POLITIK Daß die Anthologie mit den Gedichten einer Palästinenserin beginnt, ist weder Zufall noch herausgeberische Willkür. Deutlicher als viele andere Literaturen hat sich die moderne arabische Lyrik im Gleichtakt mit politischen Ereignissen entwickelt. Die ersten *free verse*-Dichtungen (vgl. S. 254) entstanden 1947/48, exakt zur Zeit des ersten arabisch-israelischen Krieges. Die fortan als *an-nakba* («die Katastrophe») bezeichnete Niederlage der schlecht organisierten arabischen Truppen untergrub das ohnehin angeschlagene Selbstwertgefühl der Araber und diskreditierte die herrschende Gesellschaftsordnung. Die Revision der überkommenen sprachlichen Ausdrucksmittel wurde durch den allgemeinen Verlust an Vertrauen in die traditionellen Autoritäten beschleunigt.

«Von der Sowjetunion lernen heißt siegen lernen», dies war unmittelbar nach dem Zweiten Weltkrieg auch für zahlreiche arabische Intellektuelle eine glaubhafte Devise. Insbesondere im Irak fielen kommunistische Ideen auf fruchtbaren Boden. Die englische Mandatsmacht und die nach der formellen Unabhängigkeit 1932 von ihr eingesetzte Marionettenregierung waren einer in weiten Teilen verarmten Bevölkerung verhaßt. Die stillschweigende Parteinahme der Briten für Israel 1948 fachte die antiimperialistischen Strömungen zusätzlich an, die sich in kommunistischen und sozialistischen Parteien sammeln konnten. Mit as-Sayyâb und al-Bayyâtî schlossen sich zwei der ersten und bedeutendsten *free verse*-Lyriker diesen Bewegungen an. In ihrem Anspruch, als Dichter für das Volk einzutreten, unterscheidet sich ihre Lyrik deutlich von derjenigen ihrer Altersgenossen, die den sozialistischen Bewegungen fernstanden, wie etwa Nâzik al-Malâ'ika und selbst die so sehr der Sache der Palästinenser verbundene Fadwâ Tûqân. Die Verbindlichkeit der lyrischen Tradition wußten die beiden Iraker eben aufgrund der politischen Programmatik früher abzuschütteln, und mit ihrem revolutionären ideologischen Rüstzeug erschrieben sie der Dichtung ein neues Selbstverständnis und Selbstbewußtsein, eines, das auf der Höhe der politischen und sozialen Entwicklungen stand und nicht mehr wie die nach wie vor lebendige klassizistische Dichtung mit dem Makel der Rückständigkeit behaftet war. Auf diese Neupositionierung der Dichtung in der Phalanx der fortschrittlichen, revolutionären Kräfte konnten in der Nachfolge der beiden Iraker die unterschiedlichsten lyrischen Temperamente aufbauen, etwa Mahmûd Darwîsh, Amal Dunqul, Sa'dî Yûsuf und unzählige andere.

Die politischen Gängelungen zur Zeit der erst 1958 gestürzten irakischen Monarchie und die zahllosen darauf folgenden Militärputsche bis zur völligen Unterdrückung jeglicher unabhängiger Intelligenz seit Saddam Hussains Machtantritt 1979 vertrieben die literarische Elite aus dem Land. Keiner der in diese Anthologie aufgenommenen irakischen Schriftsteller lebt derzeit in seiner Heimat, eine unübertroffene, traurige Bilanz für das Land, in dem einst die moderne Lyrik ihren Anfang nahm und das nach wie vor reich an lyrischen Talenten scheint.

Seit Mitte der fünfziger Jahre wurde die Geschichte der arabischen Lyrik in Libanon weitergeschrieben. Hierhin flohen die Intellektuellen vor allem aus Syrien, Palästina und dem Irak. Vor dem Bürgerkrieg 1975 gelang es der libanesischen Gesellschaft, relative politische Stabilität mit weitgehenden Freiheiten zu vereinen. Bis zur israelischen Invasion 1982 blieb Libanon das Binnenexil für Intellektuelle aus der gesamten arabischen Welt. Zahllose Dichter fanden hier Verlage und Zeitschriften, die ihre Texte druckten, und selbst der Weg ins europäische oder amerikanische Exil führte für viele zunächst über die Drehscheibe Beirut.

Anders als im Irak gelang es in Beirut, neben einer dem politischem Diskurs verpflichteten Dichtung eine sich stärker literarisch definierende Schule zu begründen. Ihre Autoren sammelten sich um die 1957 ins Leben gerufene Literaturzeitschrift *Shi'r* («Dichtung») und blickten auf eine andere politische Sozialisation zurück als die kommunistisch geprägten irakischen Dichter. In Syrien und Libanon erlangte nach der Unabhängigkeit 1941 die Syrische Volkspartei (PPS, gegründet 1932) unter Führung des charismatischen Antûn Sa'âdah große Popularität unter den Intellektuellen. Sie trat für die Wiedervereinigung der beiden von der französischen Mandatsmacht 1920 aufgeteilten Staaten ein und propagierte als Fernziel einen Staat, der den gesamten sogenannten Fruchtbaren Halbmond (Syrien, Palästina,

Libanon, Jordanien mit Zypern «als Stern») umfaßte. Das Reich der Phönizier in der Antike war das historisch-legendäre Vorbild für dieses Großsyrien, als identitätsstiftendes Moment wurde die vorderorientalische Mythologie wiederentdeckt und ideologisch aufgeladen. Noch heute zeugt der Name eines der bekanntesten arabischen Dichter der Gegenwart, Adonis, von der Verbreitung dieser Ideologie. Denn der Mythos vom phönizisch-vorderorientalischen Fruchtbarkeits- und Wiederauferstehungsgottes Adonis stand für die unter der angestrebten Vorherrschaft der PPS zu realisierende neue Blüte Großsyriens, das sich als Brücke zwischen Orient und Okzident verstand. In seiner Jugend identifizierte sich Adonis mit dem von der PPS popularisierten Mythos und wählte den Namen des Auferstehungsgottes zum Pseudonym. Im Irak, wo dank Sir James Frazers Nacherzählungen der antiken Sagenwelt in «The Golden Bough» die mesopotamische Mythologie unter den Intellektuellen eine Renaissance erfuhr, wurde der phönizische Adonis ‹Tammûz› (‹Dumûzi›) genannt. Die Dichter, die in den fünfziger Jahren diese Mythologie aufgriffen, hat man unter dem Etikett «Tammûz-Dichter» zusammengefaßt. Ihre prominentesten Vertreter sind Adonis, Badr Shâkir as-Sayyâb, Khalîl Hâwî und die hier nicht vertretenen Yûsuf al-Khâl (1917–1988) und Dschabra Ibrahim Dschabra (1920–1994). Da die PPS einen ausgeprägten nationalistischen Zug hatte und Ähnlichkeiten mit den faschistischen Parteien Europas aufwies, galt die Gruppe der Tammûz-Dichter im Vergleich zu den internationalistischen linken Strömungen trotz ihres literarischen Avantgardismus als konservativ.

Von 1958–1961 ging Syrien eine Staatenunion mit Ägypten ein, das nach dem politischen Sieg in der Suez-Krise 1956 unter dem in der ganzen arabischen Welt populären Gamal Abd an-Nasser den Panarabismus mit ägyptischer Vorherrschaft verfocht. Spätestens seit diesem Zeitpunkt war der von der PPS propagierte Traum eines Großsyrien ausgeträumt, und die PPS-nahen Autoren um *Shi'r* begannen sich politisch neu zu orientieren. So neigte Adonis dem sozialistisch geprägten Panarabismus zu, der den für einen unabhängigen Libanon eintretenden libanesischen Christen al-Khâl und Khalîl Hâwî als Bedrohung erscheinen mußte (weshalb Adonis bereits 1963 aus der *Shi'r*-Gruppe ausschied). Zwar springt die politische Dimension der Gedichte der genannten Autoren heute nicht mehr unmittelbar ins Auge; horcht man indes genau auf die pessimistischen, skeptischen, fast resignierten Töne der Lyrik Hâwîs oder heute noch Fuad Rifkas, so läßt sie sich bisweilen erahnen.

Auch in Ägypten entwickelte sich nach der Revolution von 1952, als die Monarchie von britischen Gnaden durch einige junge Offiziere, unter ihnen Nasser, gestürzt wurde, eine bedeutende *free verse*-Schule, deren wichtigste Vertreter Abd as-Sabûr, der hier nicht aufgenommene Ahmad Mu'tî al-Hidjâzî und Amal Dunqul waren. Abd as-Sabûr wandte sich allerdings bald vom realistischen Stil seines ersten Gedichtbandes ab und schrieb fortan eine eher existentialistisch-metaphysische Dichtung mit Anklängen an die volkstümliche Mystik. Angeregt von Eliot und, wie Adonis, von Nietzsche, verkörpert Abd as-Sabûr die konservative Richtung im ägyptischen *free verse*. Man stößt bei ihm auf eine ähnliche Ablehnung der Moderne wie bei Khalîl Hâwî («Die Heiligen drei Könige im Morgenland») und in manchen theoretischen Texten von Adonis. Einer der herausragenden politischen Autoren der arabischen Welt war dagegen der Ägypter Amal Dunqul. Seine Dichtung zeichnet sich vor anderen politischen Autoren der modernen arabischen Lyrik dadurch aus, nicht im Dienste einer Partei oder herrschenden politischen Richtung gestanden zu haben; seinem «Gebet» an die Agenten der Staatssicherheit gebührte in jeder Anthologie politischer Lyrik ein Ehrenplatz.

Ein ebenso tiefer Einschnitt wie der erste arabisch-israelische Konflikt von 1947/8 war die jähe arabische Niederlage im Sechstagekrieg vom Juni 1967. Sämtliche, insbesondere auf Nasser gesetzten Erwartungen, die Schmach von 1948 zu tilgen und die arabische Welt zu neuer Größe zu führen, schwanden mit einem Mal dahin. Die bis dahin florierenden politischen Überzeugungen, die stets von einer erfolgreichen Rückeroberung Palästinas ausgegangen waren, erwiesen sich als Hirngespinste. Mit der Niederlage von 1967 setzt eine in ihrer Kompromißlosigkeit zuvor undenkbare Welle der Selbstkritik in der arabischen Welt ein. Auch die Dichtung wurde davon erfaßt, und fortan schien in der arabischen Lyrik alles möglich. Jetzt entsteht die stilistische und inhaltliche Vielfalt, die die arabische Dichtung heute auszeichnet. Eine Abkehr der Intellektuellen von der Politik bewirkte '67 allerdings noch nicht, vielmehr ein Umdenken im Rahmen des Politischen, bisweilen eine Radikalisierung. Marxistische Strömungen wie der Maoismus hatten bis in die achtziger Jahre hinein Konjunktur. Gerade in bezug auf die Literatur- und Gesellschaftskritik verfeinerte in den siebziger Jahren der postmoderne Marxismus vor allem französischer Prägung das theoretische Rüstzeug der arabischen Autoren und strahlte bis auf die Dichtung selbst aus.

Derweil war in den von Israel besetzten Gebieten und unter den im israelischen Kernland verbliebenen Arabern im Lauf der sechziger Jahre eine junge Literatur entstanden, die als «Literatur des palästinensischen Widerstands» bekannt wurde. Lyrik und Kurzgeschichte waren die führenden Gattungen. Eine Tradition palästinensischer Dichtung, die gegen die britische Mandatsmacht und die

Bedrohung durch die immer schneller wachsende jüdische Besiedlung anschrieb, gab es schon in den dreißiger Jahren, doch sie bediente sich fast ausnahmslos des klassischen Kassidenstils (einer ihrer berühmtesten Vertreter war Ibrahîm Tûqân, der frühverstorbene, ältere Bruder von Fadwâ Tûqân). Beeinflußt von al-Bayyâtî und sozialistischen Autoren wie Aragon, Neruda, Lorca, Hikmet, Majakowski und anderen, entwickelten sie rasch eine eigenständige Widerstandspoetik und wurden von Palästinensern und Arabern gleichermaßen als Helden gefeiert. Vom literarischen Standpunkt konnten allerdings nicht viele dieser Gedichte überzeugen, und die begabteren Lyriker empfanden die Verpflichtung zum Widerstand seit den siebziger Jahren zunehmend als Hemmnis ihrer literarischen Entwicklung. Das Werk Mahmûd Darwîshs, des bedeutendsten dieser Autoren, steht beispielhaft für die Versuche vieler, zunächst durch immer komplexere lyrische Gebilde dem Zwang zum Engagement neue literarische Aspekte abzugewinnen und sich ihm schließlich, wie etwa in Darwîshs jüngsten Gedichten (vgl. «Mehr oder weniger»), ganz zu entziehen. Die zunehmend perspektivenlose Lage der Palästinenser seit 1967, die durch die Autonomieverträge («ein palästinensisches Versailles», wie Edward Said schrieb) in den Augen vieler besiegelt wurde, spielt bei dieser Abkehr von der Politik ebenfalls eine Rolle.

Für fast alle arabischen Autoren war Politik anders als im Westen nicht nur und nicht einmal vorrangig eine ideologische Angelegenheit, sondern sie griff unmittelbar und tief in ihr Leben ein. Einige der hier vertretenen Autoren verbrachten Monate und Jahre im Gefängnis oder in Gefangenenlagern. Die Mehrzahl von ihnen lebt im Exil, sei es, um sich der Verfolgung zu entziehen, sei es, weil kaum ein arabisches Land – allenfalls Libanon – kritischen Intellektuellen ausreichend Publikationsmöglichkeiten und

Einkünfte bietet. Das Exil hat zur raschen, ja überstürzten Entwicklung der arabischen Dichtung beigetragen, bewirkte jedoch eine nie dagewesene Spaltung von Autoren und Publikum. Diese können immer weniger Erfahrungen miteinander teilen, so daß, ähnlich wie bei uns, viele Dichter, ob sie wollen oder nicht, nur mehr für Dichter schreiben. Keiner der nach dem Zweiten Weltkrieg geborenen arabischen Schriftsteller genießt eine Popularität, die annähernd derjenigen eines Darwîsh oder Nizâr Qabbânî gleichkäme.

Zu den problematischen Seiten des Exils zählt insbesondere bei jüngeren Dichtern, die früh ihre Heimat verlassen haben, ein auffälliger Verlust an sprachlicher Kompetenz. Freilich verfügen selbst die jüngeren daheimgebliebenen Autoren nicht mehr in dem Maße über ihre Sprache, wie es noch in den sechziger Jahren selbstverständlich war. Allerdings fällt das klassische Arabisch, an dem sich die Schriftsprache nach wie vor orientiert, selbst Begabten nicht ohne weiteres zu. Man muß sie sich mit großem Zeitaufwand erarbeiten und sie pflegen, wozu nur die wenigsten Gelegenheit haben, schon aus materiellen Gründen. Dies gilt verstärkt für die Kenntnis der alten Dichtung; und nur noch eine Minderheit der jungen Avantgarde-Lyriker beherrscht die klassische Metrik.

Man sollte jedoch davon absehen, diese Entwicklungen zu werten. Die Abkopplung vom dichterischen Erbe ist auch eine Befreiung. Die Pluralität der zeitgenössischen arabischen Poesie wäre undenkbar, wenn alle Araber, die zur Feder greifen, das Sprachvermögen oder Traditionsbewußtsein eines Adonis oder Mahmûd Darwîsh hätten. Nie könnten sie, wie Imân Mirsâl, zur Sprache bringen, was eine dreißigjährige, westlich orientierte Ägypterin am Ende des zwanzigsten Jahrhunderts nach einer Abtreibung fühlt.

Die stetige Entideologisierung der arabischen Intelligenzia seit den achtziger Jahren ermöglichte eine verstärkte Hinwendung zu lange vernachlässigten Themen wie dem Alltagsleben und zu einer eher subjektiven Innerlichkeit. Mit dem Zerfall des Ostblocks und dem Einbrechen der antiisraelischen Front hat sich die Abkehr von der Politik weiter beschleunigt. An Marx, der lange Zeit als ernsthafter Konkurrent Mohammeds galt, erinnert nur noch die Damenunterwäsche im Schaufenster (Imân Mirsâl: «Verehrung für Marx»).

VORMODERNE DICHTUNG Die Lyrik ist seit jeher die angesehenste Gattung der arabischen Literatur gewesen, und trotz der im letzten halben Jahrhundert stetig gewachsenen Popularität erzählender Literatur ist Dichtung und Dichtersein in der arabischen Welt immer noch von einer Aura umgeben, die sich mit Romanen und Kurzgeschichten selten verbindet. Dies erklärt, weshalb die arabische Lyrik so lange im Bann der übermächtigen Tradition stand, und zwar sowohl in formaler wie in inhaltlicher Hinsicht. Seit ihren Anfängen wurde die Dichtung der «Diwan der Araber» genannt, das heißt das «Verzeichnis», das eigentliche Gedächtnis der Araber. Was erinnernswert war, besang die Dichtung, und umgekehrt, was die Dichtung besang, war erinnernswert. Noch heute gilt: Wer die arabische Welt und ihre Menschen verstehen will, wer einen Einblick erhaschen will in das, was sie denken und fühlen und wie sie dies tun, der wird um die Dichtung nicht herumkommen.

Bis Mitte des 20. Jahrhunderts war die arabische Lyrik von einer (mindestens) aufs 6. Jahrhundert zurückgehenden Form geprägt. Der Philologe Khalîl ibn Ahmad stellte die bis dahin nur praktizierte Metrik im 9. Jahrhundert auf eine theoretische Grundlage. Der Dichter hatte demnach unter 16 Versmaßen zu wählen, und das Gedicht (Kasside, arab. *qasîdah*) umfaßte 20 bis 120 längere, in zwei Halbverse zu je 2–4 Versfüßen zerfallende Gedichtzeilen, die alle mit derselben Reimsilbe zu enden hatten. Ein solcher Monoreim ist im Arabischen wesentlich leichter zu bewerkstelligen als im Deutschen und klingt selten so, wie es deutsche Nachahmungsversuche suggerieren. Gleichwohl erlegt diese Form dem Dichter klare Grenzen auf, nicht zuletzt deshalb, weil eine Verszeile auch eine abgeschlossene Sinneinheit darstellen sollte, so daß es oft weniger um gute Gedichte als geschlossenes Sinnganzes denn um herausragende Einzelverse ging. Überdies zerfiel die klassische Kasside in verschiedene, nur lose miteinander verbundene thematische Gruppen. War dies in vorislamischer Zeit die Regel, so mehrten sich ab dem neunten Jahrhundert die ‹Ausnahmen›, und insbesondere die sufische Lyrik oder kürzere Gedichte in verschiedenen Untergattungen zeichneten sich häufig durch thematische Geschlossenheit aus.

Üblicherweise wird der Einbruch der Moderne in die arabische Welt auf Napoleons Ägypten-Feldzug von 1798 datiert. Eine der grundlegenden Studien zur modernen arabischen Poesie wie diejenige von Moreh (vgl. Literatur – Forschung) kann daher den Zeitraum von 1800–1970 im Titel tragen; folgt man indessen den Kriterien von Hugo Friedrichs «Die Struktur der modernen Lyrik» (so umstritten diese mittlerweile auch sind), wird man vor den vierziger Jahren des 20. Jahrhunderts nur wenige dichterische Texte ausmachen, die diesen Maßstäben von ‹Modernität› entsprechen. Die arabische Dichtung der ersten Jahrhunderthälfte war zum großen Teil romantisch und in einem patriotischen, ja propagandistischen Sinne politisch. Dennoch bahnten in den zwanziger und dreißiger Jahren die Experimente der (libanesisch-christlichen) Exilliteraten in

New York (u.a. Gibran Khalil Gibran [1883–1931], Ilyâ Abû Mâdî [1889–1958], Amîn Raihânî [1876–1940]) und einiger ägyptischer Dichter im Umkreis der Zeitschrift *Apollo* (1932–1934) der arabischen Lyrik neue Wege. Auch in Syrien, wo der junge Adonis von den in Ansätzen schon surrealistischen Experimenten Orkhân Muyassars (1911–1965) lernte, und im Libanon, wo der Symbolist Sa'îd Aql (geb. 1912) von sich reden machte, zeigte sich ab Ende der dreißiger Jahre bei einzelnen Dichtern eine zunehmende Experimentierfreude. Es schien nur eine Frage der Zeit, bis die von Khalîl theoretisch fundierte Metrik und die Vorherrschaft der klassischen Kassidenform entthront wurden.

FREE VERSE   Der aus dem Englischen in die Fachliteratur übernommene Begriff des *free verse* meint im Zusammenhang mit der arabischen Dichtung die Flexibilisierung des metrischen Systems von Khalîl, keineswegs dessen völlige Verwerfung oder etwa freie Rhythmen wie bei Klopstock (die arabische Entsprechung dafür wäre eher bei Taufîq Sâyigh oder manchen Prosagedichten von Adonis zu suchen).

Die Zahl der Versfüße (arab. *taf'îlah*, weshalb die *free verse*-Bewegung in der Literatur gelegentlich «*taf'îlah-movement*» genannt wird) pro Zeile ist im *free verse* nicht mehr zwingend festgelegt, sondern kann frei gewählt werden, so daß die Zeilen unterschiedliche Länge haben. Die Reimsilbe wechselt, doch selbst für längere *free verse*-Gedichte gilt, daß sie häufig nur vier oder fünf verschiedene Reimsilben aufweisen. Eine weitere entscheidende Neuigkeit war der Zeilensprung, dessen Möglichkeiten besonders as-Sayyâb extensiv und mit großer Kunstfertigkeit nutzte. Der Vorrang der Verszeile vor dem Textganzen war damit überwunden, und das Gedicht, auch das längere, war als Sinneinheit konzipiert. As-Sayyâb und al-Malâ'ika gelten als die ersten, die 1947/48 erfolgreich den *free verse* anwandten. Die neue lyrische Form verbreitete sich wie ein Lauffeuer und war bereits Anfang der fünfziger Jahre weithin beliebt.

Der *free verse* stellt eine dem Charakter des Arabischen und seiner dichterischen Tradition wunderbar angemessene lyrische Form dar; er ist weit mehr als nur ein rasch zu überwindender Schritt auf dem Weg zum ‹wahrhaft› modernen Prosagedicht. Für jeden in der Tradition belesenen arabischen Dichter mit Sinn für den Rhythmus der Sprache (der wohlgemerkt nicht jedem gegeben ist – Taufîq Sâyigh etwa soll ihn nach eigenem Bekunden nicht besessen haben) ist diese sehr flexible lyrische Form ausgesprochen anziehend. Zahlreiche Dichter benutzen heute das *taf'îlah*-System ohne Reim und in den einfachsten Metren, was für den Uneingeweihten oft kaum von Prosa zu unterscheiden ist. Das Werk von Adonis etwa, so modern es ist, besteht zum größeren Teil aus *free verse*-Varianten, dasjenige Darwishs zum weitaus größten. Selbst bei einem scheinbar so sehr «verwestlichten» Dichter wie Sargon Boulus finden sich immer wieder Gedichte im *taf'îlah*-Stil, und rhythmische Elemente, sei es mehr, sei es weniger (Khâzandâr) auf Grundlage der Khalîlschen Metrik, dürften trotz und neben der Popularität des Prosagedichts die arabische Lyrik auch in Zukunft bestimmen. Weit davon entfernt, als Fessel empfunden zu werden, tragen sie zur Schönheit und altbewährten klanglichen Qualität der arabischen Dichtung bei.

PROSAGEDICHT War es für diejenigen Lyriker, die in den fünfziger und sechziger Jahren zu schreiben begannen, noch selbstverständlich, daß sie die klassische Kassidenform und die Khalîlsche Metrik beherrschten, so gilt dies für die in den fünfziger Jahren geborenen nicht mehr. Viele der Autoren dieser Generation haben keine natürliche und oft nicht einmal mehr eine angelernte Verbindung zu dieser Tradition.

Dabei ist es schon schwierig, zu definieren, was ein Prosagedicht im Arabischen überhaupt ist. Lyrische Prosa, wie sie die New Yorker Exilliteraten praktizierten, wird gemeinhin nicht dazu gezählt, weil sie in Rhetorik und Bildlichkeit zu konventionell ist. Einen Grenzfall stellen die Gedichte Sâyighs, Mâghûts und manche frühe, auf den ersten Blick wie Prosa erscheinende Texte von Adonis dar, zum Beispiel die «Psalmen» in «Die Gesänge Mihyârs des Damaszeners» (hier nicht vertreten). Sie folgen nicht mehr der auf den Versfuß *(taf'îlah)* reduzierten Khalîlschen Metrik, haben aber gleichwohl einen unverkennbaren, in eigentlicher Prosa kaum vorfindlichen Rhythmus, etwa den christlich-liturgischer Texte in ihren arabischen Übersetzungen wie bei Sâyigh. Deutsche Leser finden einen Vergleich in Novalis' «Hymnen an die Nacht», einem rhythmisch so stark aufgeladenen Text, daß er nur nach äußerlichen Merkmalen zur Prosa gezählt werden kann, oder, wie erwähnt, in den ‹freien Rhythmen› Klopstocks.

Das radikal prosaische Prosagedicht beginnt im Arabischen mit Unsî al-Hâdjs Gedichtband «Lan» (Nie). Es sei dahingestellt, ob sich dessen nachhaltige Wirkung der Qualität der darin versammelten Texte oder eher dem ihnen vorangestellten Manifest verdankt, worin der Dichter die Rückschrittlichkeit der arabischen Gesellschaften anprangert und als Reaktion darauf nach dem häßlichen, die ästhetischen Normen sprengenden Prosagedicht ruft.

Dieses Plädoyer für die subjektive, regellose, häßliche, ja verrückte Lyrik erweist sich heute als einer der folgenreichsten Texte der zeitgenössischen arabischen Lyrik. Fortan war, zumindest theoretisch, im wahrsten Sinne des Wortes alles in der arabischen Dichtung möglich, wenngleich vieles davon erst in den siebziger Jahren in vollem Umfang realisiert wurde.

Leider verlieren in der Übersetzung viele Texte al-Hâdjs und seiner Nachfolger ihren destruktiven Charme und wirken verglichen mit den Gedichten ihrer Vorbilder Breton oder denen des Frühwerks von René Char eher harmlos. Vergleicht man sie hingegen mit den Prosagedichten Sâyighs, Adonis' oder al-Mâghûts, die stets, wie gebrochen auch immer, eine sinnträchtige Aussage vermitteln, wirkt al-Hâdjs Lyrik sehr wohl irritierend und widerspenstig. Das Prosagedicht, jedenfalls im Sinne al-Hâdjs, stellte nicht nur eine Befreiung von Metrik und Rhythmus dar, sondern auch von einer vernünftigen, intendierten Bedeutung, es war die Befreiung des Unterbewußten und des Irrationalen von der in der schönen Form zutage tretenden Zweckgebundenheit, dem Sinngehalt lyrischen Sprechens. Zweifellos hat diese Zertrümmerung von Bedeutung und Form viele fragwürdige Texte hervorgebracht, ebenso zweifellos aber hat sie der arabischen Dichtung Wege eröffnet, die auch von denen beschritten werden konnten, die durchaus klassisch gebildet waren, nun aber neue Ausdrucksmöglichkeiten für sich entdeckten. Die Texte der beiden Libanesen Abbâs Baidûn und Wadî Sa'âdah sind in diesem Sinne zwei der bedeutendsten Weiterentwicklungen der von al-Hâdj aufgezeigten Möglichkeiten.

THEMEN UND ATTITÜDEN Inzwischen spricht die moderne arabische Lyrik über alles und auf jede denkbare Weise. Das war nicht immer so, und es gibt, trotz der derzeit herrschenden Vielfalt, Grundthemen und Leitmotive. Besonders auffällig, auch in diesem Band, sind Identitätssuche und Ich-Verlust. Viele der authentischsten Texte der modernen arabischen Poesie handeln davon. Nâzik al-

Malâ'ikas «Ich» scheint noch in der Tradition der neoromantischen Poesie der New Yorker Exilliteraten zu stehen und geht doch schon darüber hinaus, wenn die so insistent wiederholte Frage: «Wer bin ich?» immer nur antwortlos in der Leere verhallt. Anders stellt sich die Frage nach dem Ich in den Gedichten Taufîq Sâyighs, wo das Individuum im unauflöslichen Spannungsverhältnis zwischen Überforderung durch die göttliche Autorität (die christliche, wohlgemerkt) und der diesseitigen Hoffnungslosigkeit zermürbt wird wie der Geist in der Flasche von der Langeweile («Rede des Dämons in der Flasche»). Die Haltung, die Sâyighs lyrisches Ich in diesem Zwiespalt einnimmt, schwankt zwischen resignierter Unterwürfigkeit und Trotz. Erachtet man diese Texte von al-Malâ'ika und Sâyigh, beide Ende der vierziger, Anfang der fünfziger Jahre entstanden, als typisch für die arabische Befindlichkeit dieser Zeit, schien eine Neuorientierung, die Neubegründung eines tragfähigen, modernen Selbstbewußtseins unvermeidlich. Die Tammûz-Dichter ebenso wie die politischen Lyriker vollzogen sie. Was aber ein halbes Jahrhundert später daraus geworden ist, davon kündet Wadî Sa'âdahs «Versuch, einen geschmolzenen Menschen zurückzuholen». Statt den Auflösungsprozeß aufzuhalten oder gar rückgängig zu machen, beschleunigt man ihn, sobald man die Wiedererlangung des individuellen Ichs versucht, nur noch mehr.

In den fünfziger und sechziger Jahren, besonders im Kreis der Tammûz-Dichter, pflegten zahlreiche Poeten die Allüre modernen, säkularen Prophetentums. Adonis hat diese Rolle zweifellos am ausgiebigsten und mit der überzeugendsten dichterischen Autorität verkörpert, doch man findet sie, mit charakteristischen Unterschieden, ebenso bei Salâh Abd as-Sabûr, Khalîl Hâwî und Badr Shâkir as-Sayyâb. Dem Dichter wurde eine besondere, den gesellschaftlichen Status quo oder gleich das ‹Sein als solches› umwälzende Mission zugeschrieben, und vielfach dürften sich die Autoren diese Rolle nicht nur angemaßt haben, sie wurde ihnen abverlangt und zugetraut. So kann Salâh Abd as-Sabûr durch die lyrische Maske als Heiliger sprechen, der die Eitelkeit der modernen Welt erkennt und seine Mitmenschen segnet, während Khalîl Hâwî in einem Gedicht die Rippen seines lyrischen Ichs als Brücke für diejenigen aufspannt, die «aus dem Sumpf des Orients zum neuen Orient» hinüberschreiten. Er verlieh damit dem übermenschlichen Anspruch Ausdruck, den er mit seiner Dichtung verband – und an dem er zerbrach. Doch dies waren die fünfziger Jahre. Gegenwärtig wird auch in der arabischen Dichtung solches Pathos als problematisch empfunden, und wenn eine jüngere irakische Dichterin ohne mystische Intentionen schreibt, «niemand ist meiner würdig außer Gott», so ist dies hart am Rand auch des arabischen guten Geschmacks. Auf der Höhe der Zeit steht da eher die Rollenlyrik Mahmûd Darwîshs: «Ich bin nicht dies oder jenes,/ nein, keine Sonne, kein Mond,/ ich bin eine Frau, nicht mehr und nicht weniger.»

Der Übergang vom ‹Dichter als Prophet› zum ‹Dichter als Rebell› ist fließend. Die Dichtung von Adonis exemplifiziert auch ihn. Sein Rebellentum zielt nicht auf die konkrete gesellschaftliche Wirklichkeit, sondern, darin Nietzsche verwandt, auf deren kulturellen, ja ontologischen Überbau, ihr Selbstverständnis. Der Dichter ist Ikonoklast; indem er die überkommenen Werte anficht, verkündet er zugleich neue, zertrümmert, um aus den Trümmern das Material für das Neue zu gewinnnen. Adonis' «neuer Noah» hört nicht mehr auf den alten Gott, nach einem Gott, einem neuen, sehnt er sich gleichwohl. Weitere Verbreitung als dieses nietzscheanische Rebellentum fand das des Poeten als politischer Revolutionär. Ließ Adonis gleich

einen «neuen Noah» auftreten, so war es für Amal Dunqul
Noahs im Koran (11:42–43) erwähnter Sohn, der, «aus
Liebe zur Heimat», nicht mit den Verrätern und Mächtigen auf die Arche flieht und dafür von den Korankommentatoren als Ungläubiger verdammt wird. Er symbolisiert die revolutionäre Hoffnung und Kraft der Jugend. Zu
den «angry young men» der arabischen Poesie zählt auch
der Syrer Muhammad al-Mâghût. Wenn das Streunerleben
als dichtender Bohemien ein Ende hat, will er sich eine
Kugel in die Kehle schießen, und er stellt eine Akte mit
allem Leid der Menschheit zusammen, um sie Gott vorzulegen. Aber kann dieser lesen?

Bei al-Bayyâtî ist der Dichter der neue Prometheus, der
den Menschen das revolutionäre Feuer bringt, versinnbildlicht im roten Haar der Muse, dem die altgedienten
Recken der Revolution mit maskulinem Eifern nachjagen.
Die Rebellion überschreitet hier das Gesellschaftliche ebenfalls, denn sie beginnt nicht auf der Straße, sondern mit
einer Palastrevolution der neuen Dichtung gegen die alte:
«Die Poeten des käuflichen Traums in den Elfenbeintürmen / übertünchten mit Puder und Creme die Blässe der
Muse der Dichtkunst, / die auf dem Gipfel des Olymp vergreist.» Dieser vielschichtige Text von al-Bayyâtî schlägt
damit ein weiteres Lieblingsmotiv der modernen arabischen Lyrik an: die Dichtung selbst. Ein roter Faden lyrischer Selbstreflexion spannt sich vom «Liebeslied an die
Wörter» Nâzik al-Malâ'ikas bis zu Qâsim Haddâds «Die
Dichter». Wie subtil und zugleich humorvoll die arabische
Dichtung sich selbst zum Gegenstand nehmen kann, zeigt
Abbâs Baidûns Gedicht «Eine Wolke», in dem es heißt: «O
Wolke! Seit wann ähnelst du nicht mehr der Dichtung? Seit
wann finden wir dich in einer Streichholzschachtel unter
all den erloschenen Hölzern?» Den Unterschied zwischen
dem, was die arabische Dichtung heute nach Meinung vie-

ler ist, und dem Anspruch, den sie noch in den fünfziger und sechziger Jahren hatte, versteht man schlagartig, wenn man Wolke und Dichtung wieder vertauscht. Schließlich durchziehen die Themen Liebe und Erotik in allen Varianten diese Anthologie von den Kurzgedichten bis zu Imân Mirsâl.

STILE – KOMPLEXITÄT/SIMPLIZITÄT In den achtziger Jahren büßte die arabische Dichtung einen beträchtlichen Teil ihrer Aura ein, sie hatte sich, übervoll von Erwartung, wie sie war, leergeredet, ohne daß die erhofften Umwälzungen, gleich welcher Art, geschehen waren. Gerade dies war freilich nicht nur Verlust, sondern auch Errungenschaft und Befreiung. Es ist die Befreiung, die auch schon al-Hâdj oder al-Mâghût im Sinn hatten und die sie doch, im übermäßigen Pathos des Sich-befreien-Wollens, das die Sprache zugleich wieder auflud und damit weitere Erwartungen weckte, verfehlten. Erst die Dichtung der achtziger und neunziger Jahre verwirklicht das Säkularisierungsprogramm der avantgardistischen Manifeste der Vorreiter in einem radikalen, kaum vorhergesehenen Sinn.

Auf die Entmachtung einer wie selbstverständlich bedeutungsträchtigen Sprache konnte in zweierlei Weise reagiert werden. Man konnte die Suche nach dem verlorenen Sinn durch immer schwierigere Lyrik vorantreiben, oder man konnte sie aufgeben, von vornehrein auf sie verzichten und nur noch auf das hoffen, was unbeabsichtigt beim Schreiben an Bedeutung sich auftut. Diese beiden entgegengesetzten Strömungen lassen sich zum einen als neue *Komplexität*, zum anderen als neue *Simplizität* bezeichnen. Die komplexere der beiden Strömungen ist von surrealistischen und hermetischen Dichtern im Westen beeinflußt, insbesondere Breton und Saint-John Perse, von dem Adonis eine epochemachende Übersetzung vorlegte, aber ebenso von T. S. Eliot, Ezra Pound und der heute fast vergessenen Edith Sitwell. Die wichtigsten arabischen Zeugnisse dieser Schule sind die mythisch-religiös aufgeladenen Dichtungen as-Sayyâbs, Sâyighs und Hâwîs, ferner die Lyrik von Adonis und Unsî al-Hâdj, um nur die in dieser Anthologie vertretenen Autoren zu nennen. Die andere Strömung schreibt sich sowohl von den für eine einfache, volksnahe Dichtung plädierenden sozialistischen Poeten her (darunter die palästinensischen Widerstandsdichter) als auch, stärker noch, von denjenigen, die aus Überdruß an der Tradition eine alltägliche und dialektnahe Sprache schrieben, wie Qabbâni (der freilich auch klassisch zu schreiben verstand), al-Mâghût und Abd as-Sabûr. Die Nachfolger dieser Dichter setzen auf Sinnschaffung durch Entzerrung: Das Gedicht öffnet sich auf den epiphanischen Moment wie in «Stromausfall» des Irakers Sa'dî Yûsuf.

Die Stilrichtung neuer Komplexität greift vielfach auf die sufische Literatur zurück. Deren Renaissance in der modernen Lyrik hebt mit Adonis an. In seiner Nachfolge sind Anklänge, ja explizite Bezugnahmen auf den Sufismus, die islamische Mystik, eine wahre Mode geworden. Ein anderes Mittel zur bedeutungsgenerierenden Steigerung von Komplexität ist das der Reduktion. Sie hat Vorbilder in der französischen Lyrik seit Mallarmé («Un coup de dés») und ist besonders spürbar bei den frankophonen Autoren Dib und Bekri und im Arabischen bei dem Marokkaner Mohammed Bennis. Schließlich wird das für jede moderne Lyrik kennzeichnende Mittel der Verfremdung auch von den Arabern extensiv genutzt, nicht nur über Metaphorik, sondern häufig über Abstraktion, ein für nicht eingeweihte Leser manchmal ermüdendes Spiel mit Begriffen (besonders bei Unsî al-Hâdj und Adepten).

Ein weiterer Grund für Komplexität und Abstraktion ist

die Zensur. Schon as-Sayyâb erkannte in den fünfziger Jahren in der Verwendung der Mythologie ein Mittel, die Dichtung vor den Eingriffen der Zensoren oder vor späterer Anfeindung zu schützen. Steigerung von Komplexität zur Vermeidung von Zensur findet man besonders bei Autoren aus dem Irak, aus den Golfstaaten und aus Marokko.

Nicht wenige, darunter durchaus fortschrittlich gesinnte Intellektuelle tun sich schwer mit Dichtung, welche wie diejenige Zrikas, Masrîs, Mutawallîs oder Mirsâls auf eine gehobene, möglichst schöne Sprache verzichtet. Auf gleiches Unverständnis stößt die Strömung der Komplexität mit ihren zahlreichen Rezeptionshürden. Der Anthologist muß darauf hinweisen. Beeinflussen darf es ihn nicht.

PUBLIKATIONSWESEN – BUCHMARKT UND ZEITSCHRIFTEN Die moderne arabische Lyrik spiegelt die problematische Lage des arabischen Buchmarktes; viele ihrer Charakteristika werden erst beim Blick auf die literatursoziologischen Hintergründe nachvollziehbar. Heute werden in der arabischen Welt mehr Bücher als je zuvor publiziert, aber gleichzeitig läßt sich weniger denn je von einem funktionierenden Buchmarkt sprechen, von einem Buchmarkt, der auch nur annähernd mit dem europäischen vergleichbar wäre. Die Kaufkraft der arabischen Leser – ohnehin gering an der Zahl – und die der Intellektuellen ganz besonders ist minimal. Geld läßt sich mit moderner Literatur nur in den seltensten Fällen verdienen, weitaus seltener als bei uns, wo man ebenfalls gerne klagt. So etwas wie ein «Verzeichnis lieferbarer Bücher» gibt es trotz einiger positiver Ansätze nicht, nicht einmal auf nationaler Ebene einzelner arabischer Länder. Ein effizientes Buchbestellsystem (oder nur ein umfassender Internetbestellservice) existiert ebenfalls nicht, so daß außerhalb der Buchmessen in einem bestimmten arabischen Land Werke aus anderen arabischen Ländern nur durch Zufall, nämlich wenn sie von einer der wenigen besseren Buchhandlungen auf den Messen eingekauft wurden, überhaupt greifbar sind. Es kann schon problematisch sein, in Beirut ein Buch zu erhalten, das in Damaskus gedruckt wurde. Was die Werke jüngerer Dichter betrifft, so sind diese oft nur über die Autoren selbst zu erhalten, zumal es sich vielfach um Privatdrucke handelt, die ohnehin weniger zum Verkauf als zum Verschenken gedacht sind.

Wenn ein junger Dichter ein Buch publizieren will, muß er meistens in irgendeiner Form den Druck finanzieren. Viele, auch renommierte Verlage verdienen ihr Geld mittlerweile nicht primär durch den Verkauf, sondern, ähnlich vielen akademischen Verlagen bei uns, durch die zahlenden Autoren. Dabei versuchen die meisten Verlage, einige ältere und prominente Schriftsteller für sich zu gewinnen, deren Bücher unentgeltlich gedruckt werden. Hat sich der Verlag auf diese Weise einen Namen gemacht, wird er für Nachwuchsautoren, die den Druck ihrer Bücher bezahlen können, wiederum interessant. Das System hat nichts per se Ehrenrühriges und ist für die Verlage eine Existenznotwendigkeit, doch selbst wenn die anspruchsvolleren Häuser darauf achten, daß die Bücher der zahlenden Autoren ungefähr ins Programm passen, werden auf diese Weise doch, zumal jegliche Form effektiven Lektorats fehlt, die sonst in der Branche üblichen Selektionsmechanismen unterlaufen. Auch dies trägt dazu bei, daß in der modernen arabischen Lyrik alles geschrieben werden kann – und publiziert wird. Im übrigen gibt es in keinem arabischen Land nennenswerte öffentliche (oder private) Förderungen für Literatur, und selbst bekannte Schriftsteller können nicht vom Verkauf ihrer Bücher leben. Lediglich die vor allem als Treffpunkt sehr beliebten Literaturfestivals überall in der arabischen Welt und der Diaspora florieren nach wie vor und finden als werbewirksame Großveranstaltungen Sponsoren – welcher Couleur auch immer (einer der größten war, vor 1991, Saddam Hussain).

Um so wichtiger war und ist die Rolle von Literaturzeitschriften.

Deren bedeutendste für die Lyrik war zweifellos die in Beirut gegründete *Shi'r* («Dichtung»; erschienen von 1957–1964 und 1967–1971). Die Idee für diese Zeitschrift stammt von dem libanesischen Christen Yûsuf al-Khâl, der einige Jahren in den USA verbracht hatte und zur Belebung der arabisch-libanesischen Literatur eine Zeitschrift für moderne, westlich inspirierte Dichtung gründen wollte. In Beirut traf er Mitte der fünfziger Jahre auf jüngere, gleichgesinnte Geister, unter ihnen Adonis und Fuad Rifka. Sieht man von den sozialistischen Autoren ab, die eher bei *Al-Âdâb* (s.u.) publizierten, so haben nahezu alle Dichter, die heute als Klassiker der arabischen Moderne gelten, für *Shi'r* geschrieben. Der Zeitschrift angeschlossen war eine kleine Publikationsreihe, in der eigenständige Gedichtsammlungen verlegt wurden und zum Beispiel Adonis seine ersten libanesischen Gedichtbände veröffentlichte, Unsî al-Hâdj die Sammlung «Lan» und Badr Shâkir as-Sayyâb die Sammlung «Das Lied vom Regen». *Shi'r* war zudem ein Forum für Übersetzungen aus den westlichen Sprachen, vor allem Englisch und Französisch, und vermittelte so entscheidende Impulse an die allem Neuen aufgeschlossenen arabischen Poeten. Ebenfalls bot *Shi'r* Raum für hochkarätige Literaturkritik.

Der Kreis um *Shi'r* war aufgrund seiner elitären und zugleich avantgardistischen Haltung der Gegnerschaft sowohl der Sozialisten als auch vieler Traditionalisten ausgesetzt, die der Zeitschrift vorwarfen, mit vom Westen übernommenen lyrischen Formen die arabische Kultur zu mißachten oder zerstören zu wollen. Der Druck auf die

Gruppe war so stark, daß 1964 das Erscheinen zunächst eingestellt werden mußte.

Die populärere Konkurrenzpublikation zu *Shi'r* war die Zeitschrift *Al-Âdâb*, die schwerpunktmäßig der engagierten, sozialistischen Literatur und panarabischen Strömungen gewidmet war, aber ebenso, dank eines beispiellos offenen Konzepts, die Gegner der modernen Lyrik (insbesondere der von *Shi'r* gepflegten) zu Wort kommen ließ.

Immer wieder sind es Zeitschriften gewesen, mit denen sich neue literarische Schulen angekündigt haben. Wenngleich keine je wieder die Aura von *Shi'r* erreichen konnte, sind sie angesichts der Zerrüttung des arabischen Buchmarktes bis heute die wichtigste Publikationsform für Lyrik geblieben. In den siebziger Jahren war das herausragende Organ für Avantgardedichtung und Gesellschaftstheorie die von Adonis 1968 gegründete Zeitschrift *Mawâqif* («Standpunkte»). Auch in Ägypten florierten Literaturzeitschriften wie die von Edwar al-Charrat mitherausgegebene *Galerie 68*, die handgeschriebene Zeitschrift *Idâ'ah* Mitte der siebziger Jahre, deren Autoren hier nicht vertreten sind, da sie in ihrer Radikalität kaum übersetzbar scheinen, und in den neunziger Jahren die weltoffenen Zeitschriften *al-Djarâd* und vor allem *al-Kitâbah al-ukhrâ*, zu deren Autoren unter anderem Muhammad Mutawallî und Imân Mirsâl zählen.

Mit der zunehmenden Abwanderung der arabischen Intellektuellen ins Exil entstanden auch hier Literaturzeitschriften. Exemplarisch genannt sei die in London herausgegebene und auf ein breiteres Publikum abzielende, jedoch niveauvolle *an-Nâqid*, die bis Mitte der neunziger Jahre erschien, und die kurzlebige, einem provokanten Avantgardismus huldigende Zeitschrift mit dem schönen Titel *Farâdîs* (Paradiese), die von Abd al-Qâdir al-Djanâbî und Khalid al-Maaly in Köln herausgegeben wurde.

KURZGEDICHTE Das Kurzgedicht ist mittlerweile zu einer regelrechten Modegattung avanciert. Galt anderthalb Jahrtausende hindurch nur das lange, ja längste Gedicht als wirkliches Gedicht, so kann ein junger Dichter sich heute mit einigen gelungenen Kurzgedichten schnellen Ruhm erwerben, schon weil sie selbst auf den geizigsten Feuilletonseiten gedruckt werden können und sich auf den ersten, flüchtigen Blick nachhaltig einprägen. Jeder, der etwa den neuesten Gedichtband von Abbâs Baidûn gelesen hat, weiß fortan, daß Hoffnung «ein einzelner, für einen Kranken zurückgelassener Stuhl» ist.

Adonis ist derjenige Autor, der seit den fünfziger Jahren mit einigen überragenden Texten in dieser Gattung zu dem derzeitigen Boom am meisten beigetragen hat. Kurzgedichtzyklen wie «Schnee» oder «Körper», von denen hier nur ein kleiner Auszug geboten wurde und die einem 250-seitigen Faksimile-Druck von Adonis' Handschrift voller solcher Texte entstammen, sind unübertroffen. Es läge nahe, hier an einen Einfluß der japanischen Haiku und Tanka zu denken, die über den Umweg der westlichen Lyrik leicht rezipiert werden konnten; die autochthonen Wurzeln dürften indes eine größere Rolle spielen. Zunächst ist an die alte orientalische Aphoristik zu denken, deren bekanntester Exponent Omar Chajjam mit seinen Vierzeilern ist, den Rubaijat. Die Kurzgedichte können jedoch eine weitere Affiliation geltend machen. Aufgrund der Länge der klassischen arabischen Gedichte und der Regel, daß jede der ohnedies häufig recht langen Verszeilen eine in sich geschlossene Einheit bilden sollte, gründete der Ruhm eines Dichters oft nicht auf einem integralen Gedicht, sondern auf einzelnen Versen, die immer wieder zitiert und als Musterbeispiele herangezogen wurden. Damit war praktisch der Einzeiler geboren, den die zeitgenössische Lyrik nun unter ganz anderen Vorzeichen wiederentdeckt und mit neuen Funktionen versieht.

AUSWAHL – AUSLESE Man gebe sich keinen Illusionen hin: Darf diese Anthologie, was Formen, Stile und Inhalte angeht, vielleicht noch eine gewisse Repräsentativität beanspruchen, so bietet sie, was Menge und Namen der ausgewählten Dichter betrifft, nur Appetithäppchen. Die Zahl der ohne weiteres für dieses Projekt in Frage kommenden Dichterinnen und Dichter beläuft sich auf mindestens 200–300. Die 1999 in Frankreich erschienene Anthologie «Le poème arabe moderne» enthält 94 Dichter und ist doch fern davon, vollständiger oder in bezug auf irgendeine literarische Richtung repräsentativer zu sein als die vorliegende. Und obwohl dreimal so umfangreich, sind nicht einmal alle der hier vertretenen Autoren dort aufgenommen, ebenso wie hier unzählige Namen fehlen, die einer Aufnahme nicht weniger würdig wären als die vertretenen. Galt es zunächst, eine annähernde Repräsentativität herzustellen, indem von jeder Richtung möglichst zwei bis drei der bedeutendsten Autoren ausgewählt wurden, so wurden darüber hinaus für die älteren Dichter die Kanonierungstendenzen berücksichtigt (sie manifestieren sich in den Vorgängeranthologien und in den arabischen und arabistischen Studien und Artikeln), und dies galt auch für die Auswahl der Gedichte der einzelnen Dichter. So sind immerhin einige der berühmtesten modernen arabischen Gedichte vertreten, al-Malâ'ikas «Ich», Khalîl Hâwîs «Die heiligen drei Könige in Europa», as-Sayyâbs «Das Lied vom Regen», al-Bayyâtîs «Die Autobiographie eines Feuerdiebs», Adonis' «Der neue Noah», Nizâr Qabbânîs «Granada» oder Amal Dunquls «Gebet» und andere.

Welches Gedicht im einzelnen genommen wurde, ergab sich dann einer Mischung aus den Vorlieben des Herausgebers und der Einschätzung ihrer Übersetzbarkeit. Nicht jeder Dichter, der in der arabischen Welt anerkannt und einflußreich ist, wird auch, sosehr sich der Übersetzer bemühen mag, auf deutsch eine gewinnbringende Lektüre abgeben. Unsî al-Hâdj, um das prominenteste Beispiel zu nennen, scheint mir problematisch und ist daher mit weniger Seiten vertreten, als es nach arabischem Urteil seinem Einfluß entspräche. Es wurde versucht, trotz der Raumknappheit die Bandbreite eines Dichters zu repräsentieren und etwa Gedichte aus verschiedenen Schaffensphasen und mit verschiedenen Stilen und Thematiken darzubieten. Also bei Qabbânî das formal klassische «Granada» neben der Schimpftirade auf die Araber («Wann verkünden sie den Tod der Araber?»), bei al-Malâ'ika das eher romantische «Liebeslied an die Wörter» neben dem sozialkritischen «Um die Schande zu sühnen» oder kurze Gedichte neben langen, erzählerischen, wie bei Wadî Sa'âdah.

Von vorneherein von der Auswahl ausgeschlossen waren Autoren, die überwiegend im klassischen Kassidenstil oder in einem Dialekt schreiben. Beide Formen sind nach wie vor ausgesprochen populär, und in beiden liegen ausgezeichnete moderne Gedichte vor. Sehr viele Araber, nach dem größten modernen arabischen Dichter gefragt, würden den im klassischen Stil schreibenden Iraker al-Djawâhirî (1900–1997) nennen, nicht Adonis, Qabbânî oder Darwîsh. Der Aufwand jedoch, den eine adäquate Übersetzung mit sich gebracht hätte – also nicht eine, die bloß über die Inhalte dieser Dichtung informiert –, wäre durch das Ergebnis kaum gerechtfertigt. Die sprachliche Leistung und die Spontaneität der Dialektdichtung können ohnehin nicht angemessen nachvollzogen werden.

Allerdings befinden sich unter den Dichtern, auf die hauptsächlich aus Platzgründen verzichtet werden mußte, auch einige «Klassiker», wie die Ägypter Abd al-Mu'tî al-Hidjâzî, Muhammad al-Faitûrî, Muhammad Afîfî Matar, die Palästinenser Mu'în Bassîsû, Taufîq Zayyâd, der Iraker

Buland al-Haidarî oder der Jemenite Abd al-Azîz al-Maqâ-lih. Die durch sie repräsentierten Strömungen sind durch andere Autoren vertreten, die sich, jedenfalls nach meinem Befinden, besser vermitteln lassen. Schwieriger fiel die Auslese bei der jüngeren Generation mit ihrer unendlichen Stilvielfalt. Auch hier ist so manches, was in der arabischen Welt anerkannt ist, nicht auch in Übersetzung gleich wertvoll und gleich genießbar; vieles hat experimentellen Charakter, lotet die Grenzen des Arabischen aus, weitet sie, ohne in der Fremdsprache ähnliches leisten zu können. Eine Aufnahme hätte rein dokumentarische Zwecke und kann nicht der Sinn einer solchen Anthologie in einem Publikumsverlag sein, womöglich aber, später, in einem akademischen oder spezialisierten Kleinverlag.

Puristen dürften sich daran stören, daß hier auch frankophone Lyriker aufgenommen wurden. Warum auf dem knappen Platz nicht die doch so unbekannten Araber besser repräsentieren? Zum einen, weil die auf französisch schreibenden arabischen Lyriker noch unbekannter sind: Gibt es von den Arabischschreibenden mittlerweile einige Bücher auf deutsch, so von den frankophonen gar keine. Auch in Anthologien französischer Lyrik sucht man sie vergeblich. In der großen, vierbändigen Anthologie «Französische Lyrik» (München, Beck 1990) taucht lediglich Georges Schehadé auf. Zum anderen aber, weil man, wenn man wissen will, was die Araber heute schreiben, auf das Französische (immer noch?) nicht verzichten kann und weil sich die Poetiken der jeweiligen Sprachen wechselseitig befruchten. Wer die Autoren nicht kennt und es sich versagt, in die Textnachweise zu schauen, dem werden die französischen Texte nicht ins Auge stechen. Explizit oder implizit behandeln sie arabische Themen und schreiben sich in einen arabischen kulturellen Diskurs ein. Und wo sie nicht gleichfalls auf arabisch schreiben, wie etwa Tahar

Bekri oder die (hier nicht vertretene) Libanesin Djumânah Haddâd (geb. 1970), die französisch begann und nun arabisch schreibt, vermitteln sie als Übersetzer – wie Abdellatif Laâbi, der Darwîsh, al-Qâsim, al-Mâghût und al-Bayyâtî ins Französische übertragen hat – oder als Essayisten wie Salah Stétié die arabische Literatur in den französischen Sprachraum. Sie sind das Bindeglied, das die arabische Literatur mit der europäischen verkoppelt und von beiden ein Teil ist.

ÜBERSETZUNG   Nun sag, wie hast du's mit dem Reim? Nach meinem bisher sehr zurückhaltenden Umgang mit dem Reim habe ich hier einen anderen Weg gewählt. Ob dies gut war, möge jeder für sich entscheiden, aber es gibt immerhin ein überragendes Argument für dieses Verfahren, und das war für mich ausschlaggebend: Es ist praktisch der einzige Weg, in einer Anthologie, die im Original reimende Gedichte und Prosagedichte umfaßt, die verschiedenen Stilhöhen ein wenig transparent werden zu lassen. Soll auch nur ein grober Eindruck nicht allein von der inhaltlichen, sondern auch der formalen Vielfalt der modernen arabischen Lyrik geboten werden, so wird man auf Reim *oder* Metrum nicht verzichten können. Lyrik ist nun einmal nur zur einen Hälfte Bedeutung, zur anderen Form, geformtes Klangmaterial.

War dies der Ausgangspunkt, so verstärkte sich während der Versuche daran der Eindruck, daß dort, wo dies nur einigermaßen glückte, die Texte auch inhaltlich gewannen. Bei einer bloß wörtlichen Übersetzung lassen sich etwa den Gedichten Nâzik Malâ'ikas sicherlich interessante Aspekte abgewinnen, ihre Wärme und eigentliche Leistung, nämlich die formbewußte alte Sprache mit Inhalten eines modernen Bewußtseins zu füllen, dieses Spannungsverhältnis nicht. Und Amal Dunquls «Gebet» bewahrt in reimloser Prosa kaum noch etwas von seinem rebellischen Elan (man vergleiche die Fassung von Nagi Naguib in «Sprache im technischen Zeitalter» 96/1985).

Ermunternd kam hinzu, daß die arabische *free verse*-Dichtung der meisten hier nachgereimten Gedichte dem reimenden Übersetzer seine Aufgabe, verglichen mit strengen Formen wie Sonett oder gar der klassischen Ghazelendichtung, eher einfach macht, da sie sich, wie oben erwähnt, nicht an ein festes Schema hält. So konnte dort gereimt werden, wo es sich ohne allzu große Verrenkungen anbot.

Auch für die Prosagedichte, die freilich selten ganz ohne Rhythmus sind, galt die Devise, daß ein möglichst ansprechendes Deutsch größtmöglicher Wörtlichkeit vorzuziehen ist, und an manchen Stellen wurde zu diesem Zweck offensiv interpretiert. Ohnehin muß sich der Übersetzer aus dem Arabischen oft weiter vom Original emanzipieren – etwa in der Behandlung der Tempora oder des bestimmten Artikels.

Das Arabische kennt keine Groß- und Kleinschreibung und keine normierte Zeichensetzung, in klassischer Zeit überhaupt keine. Dennoch wurde versucht, als Mittel zur Unterscheidung der jeweiligen Stile Schreibung und Zeichensetzung zu differenzieren. So kann der Leser die *free verse*-Dichtungen auch an den für die Zeilenanfänge gewählten Versalien erkennen. Prosadichtung, auch die rhythmischere (wie von Khâzandâr), wurde hingegen in üblicher deutscher Schreibung gehalten. Für explizit avantgardistische, den materiellen, vieldeutigen Charakter der Sprache betonende Dichtungen wurde die Kleinschreibung gewählt, wie etwa bei Bennis und Dib, oder die Kleinschreibung mit Zeilenanfang in Versalien bei Stétié.

UMSCHRIFT – AUSSPRACHE Für die Textnachweise in den Kurzbiographien wurde die wissenschaftliche Umschrift verwendet. Die Autorennamen und die in der Übersetzung und im Nachwort vorkommenden arabischen Eigennamen werden hingegen mit einigen Vereinfachungen auf der Basis der im englischsprachigen Raum gängigen Umschrift transkribiert. Dabei sind ausnahmslos folgende Ausspracheregeln zu beachten: th wie englisch ‹thing›; dh wie th in englisch ‹this›; z ist stimmhaftes ‹s› wie in deutsch ‹Rose›; s stets stimmlos wie in englisch ‹Song› (gerade auch am Wort- und Silbenanfang); sh wie deutsch ‹sch›; kh wie ‹ch› in deutsch ‹ach› – auch und gerade am Wortanfang!; y wie j; gh ungerolltes r, ganz wie in hochdeutsch ‹Ruf›; dj wie ‹j› in ‹Jackett›; r gerolltes Zungenspitzen-r; ' bezeichnet Stimmabsatz, wie in Post'amt; q wird nie wie Quark gesprochen, sondern ist ein kehliger Laut zwischen g und k; h wird stets, außer in den hier genannten Buchstabenkombinationen, ausgesprochen, auch vor Konsonant (spricht also Saif ar-Rah[a]bi); Zirkumflex dient als Längungszeichen. Auf die Umschrift der aus europäischen Sprachen unbekannten emphatischen Laute und ḥ wurde, abgesehen von q, verzichtet (‹ḍāl› wird mit d, ‹'ain› mit ' wiedergegeben).

LITERATUR – ANTHOLOGIEN Keine Anthologie kommt ohne ihre Vorgänger aus. Es gibt mittlerweile eine ganze Anzahl:
- Anthologie de la littérature arabe contemporaine. Bd 3: La poésie. Hrsg. von Luc Norin und Edouard Tarabay. Paris (Seuil) 1967.
- An Anthology of Modern Arabic Poetry. Hrsg. von Mounah A. Khoury und Hamid Algar. Berkeley (University of California Press) 1974.
- Zeitgenössische arabische Lyrik. Hrsg. von Annemarie Schimmel. Tübingen (Erdmann) 1975.

- Modern Arab Poets 1950–1975. Hrsg. von Issa J. Boullata. London (Heinemann) 1976.
- Modern Poetry of the Arab World. Hrsg. von Abdullah al-Udhari. Harmondsworth (Penguin) 1986.
- Modern Arabic Poetry. Hrsg. von Salma Khadra Jayyusi. New York (Columbia University Press) 1987. (Die mit 500 Seiten bislang umfangreichste Anthologie mit den vom literarischen Standpunkt besten Übersetzungen.)
- When the Words Burn. An Anthology of Modern Arabic Poetry 1945–1987. Hrsg. von John Mikhail Asfour. Ontario (Cormorant Books) 1988.
- Irakische Lyrik seit 1945. Zusammengestellt von Khalid al-Maaly und Stefan Weidner. In: Akzente 2/1995.
- Französischsprachige Dichtung der Levante. Zusammengestellt von Stefan Weidner. In: Akzente 4/1997.
- Le poème arabe moderne. Hrsg. von Abdul Kader El Janabi. Paris (Maisonneuve & Larose) 1999.

Die aktuellste und umfangreichste Anthologie ist ein *work in progress*, die in London erscheinende, englischsprachige Zeitschrift *Banipal. Magazine of Modern Arab Literature* (PO Box 22300, London W13 8ZQ; e-mail: banipal@compuserve.com), deren dritter Jahrgang (9 Hefte) seit Herbst 2000 komplett vorliegt.

LITERATUR – FORSCHUNG Um die Erforschung der modernen arabischen Poesie ist es, jedenfalls wenn man die Maßstäbe europäischsprachiger Philologien anlegt, schlecht bestellt. Von der deutschen Orientalistik kamen bislang nur Beiträge zu Einzelfragen (siehe *Literatur* in den Kurzbiographien). Grundlegende Studien sind:
- Moreh, Shmuel: Modern Arabic Poetry 1800–1970. Leiden (Brill) 1976.
- Jayyusi, Salma Khadra: Trends and Movements in Modern Arabic Poetry. Leiden (Brill) 1997 (2 Bde.).

- Kheir Beik, Kamal: Le mouvement moderniste de la poésie arabe contemporaine. Paris/Beirut (Publications orientalistes de France) 1978.

Zwei bahnbrechende arabische Beiträge:
- ʿAbbās, ʾIḥsān: ʾIttiǧahāt aš-šiʿr al-ʿarabī al-muʿāṣir. Amman (Dār aš-šurūq) 1992.
- Binnīs, Muḥammad: Aš-šiʿr al-ʿarabī al-ḥadīt. Casablanca (Dār tubqāl) 1988–1991 (4 Bde.).

DANK Peter Bachmann, Göttingen, weckte vor zehn Jahren in seinen Seminaren mein Interesse an der modernen arabischen Poesie. Jamal Chehayed, Damaskus (IFEAD), vertiefte es. Khalid al-Maaly, Köln, gewährte mir Zugang zur arabischen Dichtung aus der Binnenperspektive, trotz differierender Auffassungen darüber, was und mehr noch wie übersetzt werden soll. Für Ermunterung und Unterstützung ist Stefan Wild, Bonn, zu danken, für Geduld und außerordentlichem verlegerischem Mut Wolfgang Beck und Marla Stukenberg in München. Für geduldiges, ja anteilnehmendes und unermüdliches Beantworten aller möglichen und unmöglichen sprachlichen Fragen gebührt Ahmad Hissou, Köln, und Fuad Rifka, Beirut/Straelen, mehr als Dank. Jürgen Brôcan, Göttingen, und Ulrike Burgi haben das Manuskript Korrektur gelesen und viele nützliche Vorschläge gemacht.

Adonis, Abbâs Baidûn und Shauqî Bzîa, Beirut, diskutierten mit mir die Textauswahl, machten zahlreiche Vorschläge und stellten mir, wie auch Suleman Taufiq in Aachen, ihre Bibliothek zur Verfügung.

Das Künstlerhaus Schloß Wiepersdorf erlaubte mir 1998 eine erste Sichtung des Materials und Probeläufe für die Übersetzung – trotz Fußballweltmeisterschaft und den verlockendsten Gesprächen mit Diana Kempff, Thomas Lehr und Rüdiger Safranski. Der Deutsche Übersetzerfonds finanzierte eine ertragreiche Reise nach Beirut. Der Deutsche Literaturfonds ermöglichte mit einem großzügigen Arbeitsstipendium längere Aufenthalte in Beirut und Kairo, hemmungslosen Bücherkauf und sorgenfreies Ausweiden der papierenen Früchte daheim. Das Europäische Übersetzerkollegium in Straelen sah in sechs schönen Spätsommerwochen fast das Ende der Arbeit.

Köln, im Februar 2000 S. W.

Die Autorinnen und Autoren

Biographische Hinweise, Anmerkungen,
Textnachweise, weiterführende Literatur

Abd as-Sabûr, Salâh (Ägypten, 1931–1981), wurde zunächst durch die arabischen Romantiker (Manfalûtî, Gibran) und wie Adonis durch die Lektüre von Nietzsches «Also sprach Zarathustra» beeinflußt. Der moderne Dichter verkörpert für Abd as-Sabûr die Rolle des Weisen, Warners und Propheten. Im Unterschied zu Adonis, der in seinen frühen Werken den Dichter ähnlich konzipiert, zielt Abd as-Sabûr jedoch nicht auf eine radikale Umwertung der Tradition ab, sondern auf eine Wiederbelebung ihrer volkstümlichen Elemente (v. a. in der Mystik). In formaler Hinsicht ist v. a. T. S. Eliot eine Inspirationsquelle für ihn: Abd as-Sabûr schreibt *free verse*-Dichtung (vgl. Nachwort S. 254 f.), jedoch mit einem einfachen, der Alltagssprache nahestehendem Vokabular, was ihn wie al-Mâghût zu einem Vorreiter der «Alltagsdichtung» machte. Nach seinem Studium an der Universität Kairo arbeitete Abd as-Sabûr ab 1951 als Lehrer, dann als Literaturredakteur und im ägyptischen Kulturministerium. Er ist außerdem Verfasser mehrerer sehr bekannt gewordener Versdramen (siehe: Übersetzung).

Textnachweis: Dīwān Ṣalāh ʿAbd aṣ-Ṣabūr. Beirut (Dār al-ʿaudah) 1986.

Übersetzung: Salah Abd as-Sabur: Der Tod des Mystikers. Drama. Berlin (Edition Orient) 1981; Der Nachtreisende. Eine schwarze Komödie. Berlin (Edition Orient) 1982.

Literatur: Vgl. Nachwort zu «Der Nachtreisende» mit bibliographischen Hinweisen.

Abî Shaqrâ, Shauqî (Libanon, geb. 1935). Seit seinem ersten Gedichtband (1959) zählt Abû Shaqrâ zusammen mit Unsî al-Hâdj zu den eigentlichen Begründern des surrealistischen Stils in der modernen arabischen Dichtung. Er schloß sich den Autoren um *Shi'r* an und arbeitete bis 1998 als Feuilletonredakteur bei der Beiruter Tageszeitung *An-Nahâr*. Abî Shaqrâs Prosadichtung steht der libanesischen Umgangssprache nah, einfache Syntax paart sich mit komplexer Bedeutung, Sprachspielereien und einem oft in der Anekdote mündenden Stil.

Anmerkung: *Schachtelzug:* Wortspiel von arab. Schachtel (ʿulbah) und Spiel (luʿbah), also eigentlich: «Spielzug».
Textnachweis: Sanğāb yaqaʿ min al-burğ. Beirut (Dār an-nahār) 1971; Yatbaʿ as-sāḥir wa-yaksir as-sanābil rākiḍan. Beirut (Dār an-nahār) 1979; Lā taʾkuḍ tāğ fatā l-haikal. Beirut (Dār al-ğadīd) 1992; Ṣalāt al-ištiyāq ʿalā sarīr al-waḥdah. London (RIAD EL-RAYYES) 1995.

Abû Hashhash, Mahmûd (Palästina, geb. 1971). In Galiläa geboren, studierte Hashhash englische Literatur an der Universität Bir-Zeit (West-Jordanland). Schreibt Gedichte und Kurzgeschichten.
Textnachweis: Ġassān Zaqṭān (Hrsg.): Ḍuyūf an-nār ad-dāʾimūn. Šuʿarāʾ min filastīn. Beirut (Al-muʾassasat al-ʿarabīyah) 1999.

Abû Khâlid, Fauzîyah (Saudi-Arabien, geb. 1959)
Textnachweis: Fauzīyah Abū Ḫālid: Māʿ as-sarāb. Beirut (Dār al-ğadīd) 1995.

Abû Khalîl, Fâdî (Libanon, geb. 1958), lebt als Schauspieler und Regisseur in Beirut.
Textnachweis: Fādī Abū Ḫalīl: Fīdiyū [Video]. Beirut (Dār al-ğadīd) 1994.

Adonis (Syrien/Libanon, geb. 1930). Bereits als Schüler publizierte Adonis (mit bürgerlichem Namen Ali Ahmad Said Esbir) erste Gedichte. Nach Studium und Militärdienst (davon 11 Monate im Gefängnis) zog er 1956 in den Libanon. Mitbegründer der Literaturzeitschrift *Shiʾr* (vgl. Nachwort S. 265). Zählt seit der Veröffentlichung von «Die Gesänge Mihyars des Damaszeners» (1961) bis heute zu den kreativsten und provokantesten arabischen Dichtern der Gegenwart. Zahlreiche Literaturpreise und Gastdozenturen. Lebt in Paris und Beirut. Die umwertende Wiederbelebung der Tradition und die – von Mystik und Surrealismus inspirierte – weltverwandelnde Kraft des dichterischen Worts bilden die zentralen Koordinaten in seinem Werk. Adonis ist auch ein wichtiger Theoretiker der modernen arabischen Dichtung und Kultur, ebenso reich an Gegnern wie an Bewunderern.
Anmerkung: *Qais:* Das Gedicht bezieht sich auf den – halb legendären – Dichter Qais Ibn al-Mulawwah (gest. um 689), der aufgrund seiner maßlosen, aber aus gesellschaftlichen Gründe unmöglichen Liebe zu Laila auch *Madjnûn Laila*, d. h. der Liebesnarr Lailas,

genannt wurde. Die Legende war beliebter Stoff romantischer Versepen (Nizami u.a.).

Textnachweis: «Die Gesänge Mihyârs des Damaszeners. Gedichte 1958–1965». Ammann Verlag, Zürich 1998; Adūnīs: Al-ʾaʿmāl al-kāmilah. Beirut (Dār al-ʿaudah) 1988; Fihris li-ʾaʿmāl ar-rīḥ. Beirut (Dār an-nahār) 1998.

Übersetzung: «Die Gesänge Mihyârs des Damaszeners. Gedichte 1958–1965». Arabisch und deutsch. Herausgegeben und übersetzt von Stefan Weidner. Ammann Verlag, Zürich 1998

Literatur: Stefan Weidner: «Adonis». In: Kritisches Lexikon zur fremdsprachigen Gegenwartsliteratur. 41. Nachlieferung. München (Edition Text + Kritik) 1997.

Baghrûthî, Murîd al- (Palästina, geb. 1944). Bekannter, seit den 80er Jahren etablierter palästinensischer Dichter. Lebte in mehreren arabischen Ländern und arbeitete als PLO-Repräsentant u.a. in Budapest. Derzeit in Amman und den Autonomiegebieten.

Textnachweis: Murīd al-Barġūṯī: Al-ʾaʿmāl aš-šiʿrīyah. Beirut (Al-muʾassasat al-arabīyah) 1997.

Baidûn, Abbâs (Libanon, geb. 1945). Sein Vater, ein Dorfschullehrer im schiitisch geprägten Südlibanon, vermittelte ihm die klassische arabische Literatur. Nach einer Periode intensiven politischen Engagements bei den libanesischen Kommunisten, in welcher seine Dichtung politisch geprägt war, beginnt mit dem Gedicht «Tyros» Mitte der siebziger Jahre (publiziert 1982) eine neue Phase in seinem Werk. Die abstrakte surrealistische Strömung, wie sie vor allem von Unsî al-Hâdj initiiert wurde, und die Alltagsdichtung in der Nachfolge von Saʿdî Yûsuf gehen in seinem Werk eine Symbiose ein. Die Prosadichtung Abbâs Baidûns ist vor allem auf die jüngere und jüngste Generation von großem Einfluß und wird über alle poetischen Schulen hinweg geschätzt. Abbâs Baidûn ist auch als herausragender Journalist bekannt. Derzeit arbeitet er als Feuilletonchef bei der libanesischen Zeitung *As-Safîr*.

Textnachweis: ʿAbbās Baiḍūn: Li marīḍin huwa l-ʾamal. Beirut (Dār al-masār) 1998). Ašiqqāʾ nadaminā. Beirut (Dār an-nahār) 1993. Huġurāt. Beirut (Dār al-ġadīd) 1992 [aus Platzgründen um die sehr langen Strophen 6–8 gekürzt].

Barakât, Ahmad (Marokko, 1960–1994), stammt aus Casablanca und publizierte seit den späten 70er Jahren Gedichte. Er galt als einer der vielversprechendsten marokkanischen Nachwuchsdichter und arbeitete als Journalist.

Textnachweis: Dafātir al-ḥasrān. Rabat (Ittiḥād al-kuttāb al-maġrib) 1994.

Barakat, Salim (Syrien, geb. 1951). Der kurdischstämmige Salim Barakat zählt sowohl als Erzähler wie auch als Lyriker zu den international bekannten arabischen Autoren der Gegenwart. Seine avantgardistische Lyrik, die mit einem reichen klassischen Vokabular operiert, gilt als kaum übersetzbar, ist jedoch von großem Einfluß. Außerdem publizierte er sechs Romane. 1971 kehrte Barakat Syrien den Rücken und ging nach Beirut, wo er mit Mahmûd Darwîsh die Literaturzeitschrift *Al-Karmil* redaktionell betreute. Nach dem Auszug der PLO aus Beirut 1982 lebte er in Zypern und wohnt derzeit in Schweden.
Textnachweis: Salīm Barakāt: Al-muġābihat... Beirut (Dār an-nahār) 1997.
Übersetzung: Salim Barakat: Der eiserne Grashüpfer. Geschichte eines kurdischen Kindes. Basel (Lenos) 1995; Die Spiele der jungen Hähne. Roman einer Jugend. München (Beck) 2000.
Literatur: Burgi Roos: Salim Barakat. Diss. Genf 2000.

Bayyâtî, Abd al-Wahhâb al- (Irak, 1926–1999), absolvierte das Arabic Teachers Training College in Bagdad und war neben as-Sayyâb und al-Malâ'ika einer der ersten Vertreter der *free verse*-Bewegung. Seit dem Gedichtband «Zerbrochene Krüge» von 1954 galt al-Bayyâtî als der führende ‹engagierte› Dichter der arabischen Welt, beeinflußt von Nazim Hikmet, Lorca, Aragon und Neruda. Seine politische Einstellung zwang ihn in den fünfziger und sechziger Jahren mehrfach zur Flucht. Später arbeitete er jedoch als Diplomat für sein Land, u.a. in Moskau und Madrid. In den sechziger Jahren gewann al-Bayyâtîs Werk mystische und existentialistische Komponenten hinzu.
Textnachweis: Dīwān ʿAbd al-Wahhāb al-Bayyātī. Beirut (Dār al-ʿaudah) 1990.
Übersetzungen: Abdelwahab Al Bayati: Autobiographie du voleur de feu. Arles (Actes Sud) 1987; Love, Death and Exile. Washington (Georgetown University Press) 1990.
Literatur: Wiebke Walther: ʿAbd al-Wahhāb al-Bayātī. In: Kindlers Literaturlexikon, Supplement Band 1, S. 104 ff.

Bekri, Tahar (Tunesien, geb. 1951), lebt seit 1975 im französischen Exil und lehrt Literaturwissenschaften mit dem Spezialgebiet maghrebinische Literaturen in Paris. Bekri schreibt auf arabisch und französisch, hinsichtlich Umfang und Qualität scheint sein französisches

Werk jedoch bedeutender. Er bleibt darin der arabischen Tradition thematisch verbunden und bezieht sich in seinen Gedichten u.a. auf den vorislamischen arabischen Dichterfürsten Imru l-Qais oder den arabisch-andalusischen Gelehrten Ibn Hazm, die als historisch-legendäre Vorbilder für die Situation des exilierten Schriftstellers stehen. Seine Gedichte sind, wie einmal geschrieben wurde, «grammatisch skeletthaft reduziert».

Textnachweis: Tahar Bekri: Les Chapelets d'attache. Troarn (Amiot. Lenganey) 1993.

Bennis, Mohammed (Marokko, geb. 1948), gilt als Schüler von Adonis und greift dessen Poetik auf, entwickelt sie jedoch zu einer gänzlich eigenständigen poetischen Sprache weiter, die ihren Reiz aus einer extremen Verknappung der Ausdrucksmittel bei gleichzeitiger Vervielfachung des Sinns gewinnt. Bennis ist auch als Literaturkritiker tätig und Autor einer der wichtigsten Studien zur modernen arabischen Dichtung (vgl. Literaturverzeichnis im Nachwort). Er war Herausgeber der Zeitschrift *Ath-Thaqâfa al-Djadîdah* («Die neue Kultur») bis zu ihrem Verbot 1984, steht dem marokkanischen «Haus der Poesie» vor und ist als Dozent an der Universität Rabat und Programmleiter des bedeutendsten marokkanischen Verlags für moderne Lyrik, Dâr Tubqâl, tätig.

Textnachweis: Muḥammad Binnis: Hibat al-farāġ. Casablanca (Dār tubqāl) 1992.

Übersetzung: Mohammed Bennis: Le don du vide. Bordeaux (L'Escampette) 1999 (sehr freie Übertragung).

Bin Hamzah, Husain (Syrien, geb. 1965). Lebt in Beirut und arbeitet als freier Publizist.

Textnachweis: Ḥusain Bin Hamzah: Raġul nā'im fī ṭiyāb al-'aḥad. Beirut (Dār al-ǧadīd) 1997.

Boulus, Sargon (Irak, geb. 1944). Aufgewachsen in einer assyrisch-christlichen Familie im Nordirak, publiziert Boulus seit seinem vierzehnten Lebensjahr Gedichte. 1967 ging er nach Beirut und war enger Mitarbeiter von Yûsuf al-Khâl bei der Literaturzeitschrift *Shi'r*. 1969 wanderte er nach Amerika aus und lebt seitdem in San Francisco, unterbrochen von längeren Auslandsaufenthalten in Griechenland und Deutschland. Neben seiner lyrischen Tätigkeit ist er als Übersetzer englischsprachiger Dichtung und als herausragender Kurzgeschichtenschreiber hervorgetreten. Starke Einflüsse der amerikanischen Lyrik verarbeitet Boulus zu einer in der arabischen Dichtung der Gegenwart einmaligen lyrischen Diktion mit starken erzählerischen Elementen.

Textnachweis: Sarkūn Būlus: al-ʾauwal wa-t-tālī. Köln (Al-ǧamal) 1992. Ḥāmil al-fānūs fī layl aḏ-ḏiʾāb. Köln (Al-ǧamal) 1996.

Übersetzungen: Ein unbewohntes Zimmer. Erzählungen. Berlin (Edition Orient) 1997; Zeugen am Ufer. Gedichte. Berlin (Das Arabische Buch) 1997.

Chedid, Andrée (Ägypten, geb. 1920). Die von libanesischen Eltern stammende Andrée Chedid ging nach ihrem Studium an der Amerikanischen Universität von Kairo 1942 mit ihrem Mann in den Libanon und 1946 nach Paris, wo sie seither lebt. Seit 1950 publiziert sie regelmäßig Gedichtbände, Romane und Theaterstücke, meist mit Orientbezug.

Textnachweis: Poèmes pour un texte. Paris (Flammarion) 1991.

Übersetzung: Die Frau des Ijob. Erzählung. Limburg (Lahn) 1995.

Darwîsh, Mahmûd (Palästina, geb. 1941). Im arabisch-israelischen Krieg 1948 flüchtete er mit seiner Familie in den Libanon, kehrte jedoch (nach israelischem Gesetz illegal) in seine Heimat zurück. Mit seinem zweiten, 1964 erschienenen Gedichtband «Ölbaumblätter» wurde er schlagartig berühmt. Seitdem gilt er als der bedeutendste palästinensische Dichter der Gegenwart. Wegen seiner schriftstellerischen Tätigkeit wurde Darwîsh mehrfach verhaftet und verließ Israel 1970. Er ging nach Beirut, bis die PLO 1982 durch die israelische Invasion zum Auszug gezwungen wurde. Nach Jahren des Exils in Paris und Tunis lebt Darwîsh heute in Amman und Ramallah.

Seit den Anfängen von Darwîsh als Widerstandsdichter hat seine Lyrik eine weitreichende Entwicklung durchlaufen. Die Metaphorisierung der Heimatlosigkeit und des Exils in den Gedichten der achtziger Jahre (hier Gedichte 2–6) weicht in den jüngsten Texten Darwîshs der dichterischen Ausgestaltung einer in der arabischen Lyrik der Gegenwart besonderen antimetaphysischen Weltsicht mit mystischen Grundtönen.

Textnachweis: Maḥmūd Darwīš: Sarīr al-ġarībah. Beirut (Riad El-Rayyes) 1999; Dīwān Maḥmūd Darwīš. Band 2. Beirut (Dār al-ʿaudah) 1994; Band 1, Beirut (Dār al-ʿaudah) 1989.

Übersetzung: Mahmud Darwisch: Ausgewählte Gedichte. Übersetzt von Stefan Weidner. Straelen (Straelener Manuskripte) 2001.

Literatur: Stefan Weidner: Maḥmūd Darwīš. In: Kritisches Lexikon zur fremdsprachigen Gegenwartsliteratur (KLfG). 1996.

Dib, Mohammed (Algerien, geb. 1920). Geboren 1920 in Tlemcen, Algerien. Studium in Tlemcen und in Oujda in Marokko. Während des Zweiten Weltkriegs Militärdienst. Tätigkeit als Lehrer und Journalist und ab 1952 als freier Schriftsteller. 1959 wurde Dib wegen seiner politischen Haltung von den Franzosen aus Algerien ausgewiesen, seitdem lebt er in Frankreich. Er hatte Gastprofessuren in Los Angeles und Paris inne. Seit der Veröffentlichung des Romans «Und ich erinnere mich an das Meer» von 1962 gilt er als Begründer der modernen maghrebinischen Prosa.

Textnachweis: Ombre gardienne. Paris (Gallimard) 1960. Formulaires. Paris (Seuil) 1970. Feu beau feu. Paris (Seuil) 1979.

Literatur: «Mohammed Dib». In: Kritisches Lexikon zur fremdsprachigen Gegenwartsliteratur. München (Edition Text + Kritik).

Übersetzung: Zahlreiche Werke von Mohammed Dib sind ins Deutsche übersetzt worden. Zuletzt erschien: Die maurische Infantin. Roman. Köln (Kiepenheuer und Witsch) 1997.

Djanâbî, Abd al-Qâdir al- (Irak, geb. 1944). Ging 1970 nach London und schloß sich trotzkistischen Kreisen an. Von den englischen Behörden zur Ausreise gezwungen, übersiedelte er 1972 nach Paris, wo er bis heute wohnt. Al-Djanâbî gilt als radikaler Verfechter des ursprünglichen Surrealismus. Er gab zahlreiche avantgardistische Zeitschriften heraus, u.a. *Farâdîs*.

Textnachweis: ʿAbd al-Qādir al-Ǧanābī (Hrsg.): Infiradāt aš-šiʿr al-ʿirāqī al-ǧadīd. Köln (Al-ǧamal) 1993.

Übersetzung: Abdalkader al-Dschanabi: Vertikale Horizonte. Autobiographie. Basel (Lenos) 1997.

Djubûrî, Amal al- (Irak, geb. 1967). Nach einem Studium der Anglistik arbeitete sie als Übersetzerin und Journalistin für Presse und Fernsehen im Irak. 1997 verließ sie den Irak und lebt seither im Exil in München.

Textnachweis: ʾAmal al-Ǧubūrī: Laka hāḏā l-ǧasad, lā ḫauf ʿalayh. London (Saqi) 1999.

Übersetzung: Amal Al-Juburi: Gedichte. In: Sprache im technischen Zeitalter, 152 (Dezember 1999).

Dunqul, Amal (Ägypten, 1940–1983). Der aus Oberägypten stammende Amal Dunqul zählt mit Salâh Abd as-Sabûr zu den wichtigen *free verse*-Dichtern Ägyptens. Seine Dichtung versteht sich als politisch, revoltiert gegen die Autoritäten von Staat und Religion und war zeitweise sehr populär. In seiner letzten Lebensphase thematisiert Dunqul ähnlich wie as-Sayyâb seine tödliche Krebserkrankung und erschließt seiner Dichtung eine zusätzliche subjektive Komponente.

Anmerkung: *Gebet:* auffällige, denkbar häretische Mischung christlicher und koranischer Gebetsformeln. *Den Schaden haben... mit Ausnahme:* vgl. Koran Sure 103, Vers 2; 2,185; 65,7;94,5–6. *Suez:* Anspielung auf den Oktoberkrieg 1973: Ägypten eroberte einen Teil des Sinai zurück, bevor es nach dem Friedensabkommen von Camp David den ganzen Sinai erhielt. *Re:* Altägyptischer Sonnengott. *Noahs Sohn:* nach der koranischen Überlieferung (Koran 11:42–43) verweigert Noahs Sohn seinem Vater und Gott den Gehorsam und wird daher als Häretiker von den Korankommentatoren verflucht.

Textnachweis: Amal Dunqul: Al-ʾaʿmāl aš-šiʿrīyah. Kairo (Madbūlī) 1995.

Literatur: ʿIblah ar-Ruwainī: Al-ǧanūbī. Kuwait (Dār Suʿād aṣ-Ṣabāḥ) 1992 (Standardwerk über Dunquls Leben aus der Feder seiner Frau, einer bekannten Journalistin).

Faqîr, Munʾim al- (Irak, geb. 1953), begann seine schriftstellerische Tätigkeit als Theaterautor in den 70er Jahren im Irak und floh 1978 zunächst nach Marokko, dann in den Libanon und nach Damaskus, wo 1983 sein erster Gedichtband erschien. Seit 1986 lebt er mit seiner Familie im dänischen Exil. Fünf seiner Gedichtbände sind ins Dänische übersetzt.

Textnachweis: Muniam Alfaker: Spor på vand. Kopenhagen (politisk revy) 1991 [arabisch und dänisch].

Ghuzzî, Muhammad al- (Tunesien, geb. 1949), stammt aus Kairouan, studierte Literatur in Tunis und arbeitet als Dozent und Lehrer in Kairouan. Ghuzzi zählt derzeit zu den international bekannten tunesischen Lyrikern arabischer Sprache. Er pflegt eine bisweilen neoklassische anmutende (und in hier nicht übersetzten Gedichten auch formal klassische), melodische Diktion.

Anmerkung: *Fihrist:* berühmtes Verzeichnis des Bagdader Buchhändlers Ibn an-Nadîm aus dem 10. Jahrhundert, in dem alle im damaligen Bagdad erhältlichen Werke aufgeführt sind. *Genealogie der Pferde/Al-Ayyash und Al-Irsh:* Werke der klassischen arabischen Literatur.

Textnachweis: Muḥammad al-Ġuzzī: Katīrun hādā l-qalīl alladī ʾaḫadtu. Tunis (Cérès Éditions) 1999.

Haddâd, Qâsim (Bahrein, geb. 1948). Der Autodidakt Qâsim Haddâd ist der bekannteste und in seiner Heimat sehr populäre Dichter Bahreins. Berühmt wurde er zunächst durch Dichtung, die der Revolution und dem Befreiungskampf gewidmet war. Im Laufe der achtziger Jahre gewann seine Lyrik zunehmend an Komplexität und greift verstärkt auf Elemente des arabischen Surrealismus in der Tradition von Unsî al-Hâdj und anderen zurück. Haddâd ist Vorsitzender des Bahreinischen Schriftstellerverbands.

Anmerkung: *Der Wolf / eine Legende:* Anspielung auf die in der islamischen Kultur sehr populäre Josephsgeschichte (Koran, 12. Sure).

Textnachweis: Qāsim Ḥaddād: Yamšī maḥfūran bi-l-wu'ūl. London (Riad el-Rayyes) 1990. Qabr Qāsim. Bahrain (Al-kalimah) 1997.

Literatur: Qâsim Haddâd hat eine eigene website: www.qhaddad.com.

Hâdj, Unsî al- (Libanon, geb. 1937), gilt seit Erscheinen seines ersten Gedichtbandes «Lan» («Nie») zusammen mit Shauqî Abî Shaqrâ als Begründer des arabischen Surrealismus. Seine Prosadichtung war vor allem in den sechziger und siebziger Jahren von großem Einfluß und ist von einer Radikalität, die ihre Wirkung, zumal in der Übersetzung außerhalb ihres Kontextes, nur schwer vermittelbar macht. Unsî al-Hâdj ist Chefredakteur der angesehenen Beiruter Zeitung *An-Nahâr*.

Textnachweis: Unsī al-Hāǧǧ: Māḏā ṣana'ta bi-ḏ-ḏahab, māḏā fa'alta bi-l-wardah; Māḍī l-'ayyām al-'ātīyah. [Beide:] Beirut (Dār al-ǧadīd) 1994.

Übersetzung: Éternité volante. Hrsg. von Abdul Kader El Janabi. Arles (Actes Sud) 1997.

Hâwî, Khalîl (Libanon, 1919–1982). Aufgewachsen in einer syrisch-orthodoxen Familie in den libanesischen Bergen, erwarb Hâwî zunächst keinen höheren Schulabschluß, da sein Vater früh starb und er zum Lebensunterhalt der Familie beitragen mußte. 1946 holte er das Abitur nach und studierte arabische Literatur an der Amerikanischen Universität in Beirut. 1955 ging er nach Cambridge, wo er über Gibran Khalil Gibran promovierte. 1955 zurück in Beirut, schloß er sich dem Kreis um *Shi'r* an. Seine *free verse*-Dichtung zählt zu den bedeutendsten Beiträgen der Schule der sogenannten Tammûz-Dichter (Sayyâb, Adonis im Frühwerk, vgl. Nachwort S. 247). Orient und Okzident sollten – im Libanon wie in seiner Dichtung – eine Synthese

eingehen. Am 9.6.1982, drei Tage nach Beginn der israelischen Libanon-Invasion, wählte Hâwî den Freitod.
Textnachweis: Dīwān Ḫalīl Ḫāwī. Beirut (Dār al-ʿaudah) 1993.
Literatur: Arnim Heinemann: Khalil Hawi. Diss. Halle 2001. Bobzin, Hartmut (Hg.): In meiner Hütte – Gott und die Zeit. Der libanesische Dichter Ḫalīl Ḫāwī. Würzburg (Ergon) 1993.

Ishshah, Faradj al- (Libyen, geb. 1955). Lebt, nach längerem Aufenthalt in Zypern, im Exil in Deutschland.
Textnachweis: Farağ al-ʿIššah: Barfly [sic]. Limassol (Dār al-ʾarḍ) 1992.

Khâzandâr, Walîd (Palästina, geb. 1950). Die Prosagedichte Khâzandars versuchen mit großer handwerklicher Sorgfalt die arabische Dichtung auf eine neue rhythmisch-melodische Grundlage zu stellen. Auch inhaltlich nimmt Khâzandâr eine Sonderstellung ein. Zwar steht er der Alltagsdichtung nahe, doch wird diese vertieft durch seine Erfahrungen als Palästinenser. Khâzandâr stammt aus dem Gaza-Streifen. Nach dem Schulabschluß dort ging er nach Beirut und studierte Jura. Er lebte in Beirut und Tunis, bis er sich 1991 in Kairo niederließ.
Textnachweis: Walīd Ḫāzandār: ʾAfʿāl muḍāriʿah. Beirut (Dār Ibn Rušd) 1986; Ġuraf ṭāʾišah. Beirut (Dār fikr) 1992. Saṭwat al-masāʾ. Beirut (Bīsān) 1996.

Khoury-Ghata, Vénus (Libanon, geb. 1937). Vénus Khoury-Ghata ist durch ihre Romane bekannt geworden, die u.a. den libanesischen Bürgerkrieg zum Hintergrund haben. Ihre vitale, surrealistisch geprägte Lyrik, in der Herkommen und Sprache (u.a. die Zweisprachigkeit) auf subtile Weise thematisiert werden, weist sie als eine der herausragenden Autorinnen der libanesischen *francophonie* aus. Mitarbeit bei verschiedenen arabischsprachigen Zeitungen und Zeitschriften. Khoury-Ghata erhielt zahlreiche französische Literaturpreise und lebt als freie Schriftstellerin in Paris.
Textnachweis: Anthologie personnelle. Arles (Actes Sud) 1997.
Übersetzung: Die Geliebte des Notablen, Bad Honnef (Horlemann, Unkel) 1994; Die Liebenden von Kap Ténès. Düsseldorf (Artemis u. Winkler) 1998.

Laâbi, Abdellatif (Marokko, geb. 1942), arbeitete als Lehrer in Rabat und gründete 1966 die Literaturzeitschrift *Souffles*, die in der marokkanischen Literatur Epoche machte (im Internet unter *www.lehman.*

cuny.edu/depts/langlit/french/souffles/abrufbar). Laâbis frühe Lyrik will unmittelbar in den politischen Raum wirken. 1972 wird er wegen seines literarischen Schaffens zu zehn Jahren Zuchthaus verurteilt und bleibt bis 1980 inhaftiert, seitdem lebt er in Frankreich. Seit Ende der achtziger Jahre entfernt sich seine Dichtung von politischen Themen.

Textnachweis: Sous le bâillon le poème. Paris (L'Harmattan) 1981; Discours sur la colline arabe. Paris (L'Harmattan) 1985; L'Étreinte du monde. Paris (La Différence) 1993; Kurzgedicht: Le soleil se meurt. Paris (La Différence) 1992.

Mâghût, Muhammad al- (Syrien, geb. 1934), war gemeinsam mit Taufiq Sâyigh einer der ersten arabischen Dichter, die reine Prosadichtung schrieben und konsequent auf den Reim verzichteten. Anders als Sâyighs Lyrik ist Mâghûts Dichtung gerade in ihrer Frühphase von wilder, bisweilen salopper Vitalität. In der arabischen Dichtung der späten fünfziger Jahre verkörpert al-Mâghût am ehesten den Typ des *poète maudit*. Später wandte er sich verstärkt dem Theater und dem Drehbuchschreiben zu.

Anmerkung: Hintergrund des ersten Gedichts ist der kurze erste libanesische Bürgerkrieg von 1958. *Vier verletzte Völker:* möglicherweise Anspielung auf die Partei PPS, die die vorderorientalischen Staaten zu einem Großsyrien zusammenfassen wollte und in den fünfziger Jahren unter den Intellektuellen viele Anhänger hatte (zumal im Umkreis von *Shi'r*. *Über Schuhe schreiben:* Alltagsgegenstände waren bis weit in die fünfziger Jahre in der Dichtung verpönt.

Textnachweis: Dīwān Muḥammad al-Māġūṭ. Beirut (Dār al-ʿaudah) 1982.

Übersetzung: Mohamed al-Maghout: La joie n'est pas mon metier. Paris (La Différence) 1992.

Malâ'ika, Nâzik al- (Irak, geb. 1923), stammt aus einer Literatenfamilie und gilt zusammen mit as-Sayyâb als die eigentliche Begründerin der *free verse*-Dichtung. Sie studierte am Bagdader Arab Teachers Training College und einige Jahre in Amerika. Sie trat auch als Theoretikerin der neuen Dichtungsart hervor, nahm dabei jedoch eine eher konservative Haltung ein, die von der Praxis bald überholt wurde. Ihre Lyrik verrät noch die Nähe zur Neoromantik (Gibran u.a.) und spiegelt doch schon die existentielle Erschütterung durch eine neue Zeit. Heute lebt al-Malâ'ika in Kairo.

Textnachweis: Dīwān Nāzik al-Malā'ika. Beirut (Dār al-ʿaudah) 1997.

Masrî, Marâm (Syrien, geb. 1962), studierte englische Literatur in Damaskus und publiziert seit Mitte der siebziger Jahre. Für ihren zweiten Gedichtband, aus dem das Kurzgedicht stammt, erhielt sie 1997 den Adonis-Preis. Sie lebt in Paris.
Textnachweis: Marām Maṣrī: Karazah ḥamrā' 'alā bulāṭ 'abyaḍ. Tunis (Tibr az-zamān) 1998.

Masrî, Mundhir (Syrien, geb. 1949). Mundhir Masrî ist einer der entschiedensten und bekanntesten Vertreter der Prosadichtung des Alltags, die mit Abd as-Sabûr und Sa'dî Yûsuf noch unter ganz anderen Vorzeichen begann. Alltägliche Begebenheiten schildert Masrî in einfacher Sprache, ohne – anders als viele seine Nachahmer in der ‹neuen Simplizität› – in Trivialitäten abzugleiten.
Anmerkung: *28.10.1973:* Anspielung auf den sogenannten Jom-Kippur oder Oktober-Krieg (6.10. bis 26.10.1973), als Ägypten und Syrien Israel angriffen, um die seit 1967 von Israel besetzten Gebiete zurückzuerobern. *Thronvers/Sure «Die Kuh»:* Der «Thronvers ist Vers 255 der 2. Koransure «Die Kuh».
Textnachweis: Munḏir Maṣrī: Mazharīyah 'alā hai'at qabḍat yad. London (Riad El-Rayyes) 1997; Bašar wa-tawārīb wa-'amkinah. Damaskus (Wizārat aṯ-ṯoqāfah) 1979.

Mirsâl, Imân (Ägypten, geb. 1966), ist die derzeit bekannteste Vertreterin der ägyptischen Generation der 90er Jahre, zu der auch Muhammad Mutawallî gehört. Ihre Dichtung zeichnet sich durch die Beschreibung alltäglicher Phänomene aus einer unkonventionellen, weiblichen Sicht aus, die, nicht immer ohne Humor, vom Schmerz kündet. Ihre Sprache wirkt ungekünstelt und ist nah am gesprochenen Arabisch. Von ihr liegen drei Gedichtbände vor. Imân Mirsâl lebt derzeit in Kanada.
Textnachweis: Mamarr mu'attam yaṣluh li ta'allum ar-raqṣ. Kairo (Šarqīyāt) 1995.

Mutawallî, Muhammad (Ägypten, geb. 1970), ist prominenter Vertreter der jüngeren ägyptischen Autoren im Umkreis der Avantgarde-Zeitschriften *Al-Kitâbah al-ukhrâ* («Das andere Schreiben») und *Al-Djarâd* («Die Heuschrecke»). 1992 erhielt er den renommierten Yûsuf al-Khâl-Preis für Nachwuchslyriker. In einem Gespräch mit der Zeitschrift *Al-Kitâbah al-ukhrâ* (Januar 1993) nennt er u.a. Einflüsse des Kinos auf seine Lyrik.
Textnachweis: Muḥammad Mutawallī: Hadaṯa ḏāta marrah 'an.

London (Riad El-Rayyes) 1992; Al-qiṣṣat allatī... Kairo (Kitāb al-ġarād) 1998.

Nâsir, Amdjad (Jordanien, geb. 1955). «Man spürt in seiner Sprache eine Energie, die es den Wörtern erlaubt, in Bewegung, unverbraucht zu bleiben», schrieb Adonis über einen der herausragenden Poeten der in den fünfziger Jahren geborenen Generation. Nâsirs Sprache ist klar, ohne sich deshalb doch auf eine Beschreibung von Alltagsphänomenen zu beschränken. Nach einer Phase, die ihn als herausragenden Vertreter der neuen Naivität ausgewiesen hat, ist seine Dichtung im Laufe der neunziger Jahre stetig komplexer geworden. Neben seiner dichterischen Tätigkeit arbeitete Amdjad Nâsir als Journalist zunächst in Beirut und seit 1987 in London, wo er derzeit Feuilletonchef der internationalen arabischsprachigen Tageszeitung *Al-Quds al-Arabi* ist. Von ihm liegen sechs Gedichtbände vor.
Anmerkung: *Kerak, Mafraq, Ramtha, Salt:* Ortschaften in Jordanien.
Textnachweis: Amǧad Nāṣir: ʾAṯar al-ʿābir. Kairo (Šarqīyāt) 1995.
Übersetzung: Amjad Nasser: Ascension de l'amant. Paris (L'Harmattan) 1998.

Nâsirî, Nasîf an- (Irak, geb. 1966). Der Autodidakt lebt derzeit im schwedischen Exil und zählt zu den vielversprechenden jüngeren irakischen Poeten.
Textnachweis: Nasīf an-Nāṣirī: ʾArḍ ḫaḍrāʾ miṯl ʾabwāb as-sannah. Beirut (Al-muʾassasat al-ʿarabīyah) 1996.

Niyâzî, Salâh (Irak, geb. 1935), absolvierte wie as-Sayyâb, al-Malâʾika und al-Bayyâtî das Arab Teachers Training College in Bagdad. Seit 1963 lebt er in London und arbeitet für den arabischen Dienst der BBC. Er hat zahlreiche Gedichtbände publiziert.
Textnachweis: Ṣalāh Niyāzī: Aṣ-ṣahīl al-muʿallab. London (Riad El-Rayyes) 1988.

Qabbâni, Nizâr (Syrien, 1923–1998), studierte Jura und trat mit 22 in den syrischen diplomatischen Dienst ein. Seine Tätigkeit als Kulturattaché führte ihn nach Kairo, London, China und Madrid, bis er 1966 den Dienst quittierte und sich als Publizist und Verleger, vorrangig seiner eigenen Werke, in Beirut niederließ. Während des libanesischen Bürgerkriegs lebte er lange in Genf und schließlich in London. Schon mit seinem ersten Gedichtband von 1942, noch im klassischen Stil, trat er als freizügiger Liebesdichter hervor und erlangte bald große Popularität. In seiner Dichtung wandelte sich die hehre, mit der Aura der Heiligkeit umgebene arabische Hochsprache in ein spontanes, unverblümtes dichterisches Idiom, das breit rezipierbar war. Qabbâni ist daher einer der einflußreichsten und zweifellos der populärste aller modernen arabischen Dichter gewesen. Später wurde er auch für seine politische Dichtung berühmt-berüchtigt, in der er gegen die Rückständigkeit und politische Unfähigkeit der Araber polemisierte.

Anmerkung: *Granada:* Eines der berühmtesten Gedichte Qabbânis. Es thematisiert das arabische Andalusien, an das der Dichter beim Besuch der Alhambra mit der arabisch aussehenden Reiseführerin erinnert wird. *Bilqîs:* Name der auch im Koran erwähnten Königin von Saba. *Suâd:* häufig gebrauchter Frauenname in der klassischen arabischen Dichtung. *Umayyaden/Damaskus:* In Andalusien herrschte die aus Damaskus stammende Umayyadendynastie (auch: Omaijaden). *Târiq Ibn Ziyâd:* (670–720): Der islamische Heerführer, der ab 711 die iberische Halbinsel für die Araber eroberte. Nach ihm ist Gibraltar benannt (= «Djabal at-Târiq» = «Berg des Târiq»). *Quraish/Kulaib/Mudar:* Berühmte altarabische Stämme.

Textnachweis: Al-ʾAʿmāl aš-šiʿrīyat al-kāmilah. Beirut (Manšūrāt Nizār Qabbānī) 1998.

Qâsim, Samîh al- (Palästina, geb. 1939), zählt seit den sechziger Jahren zu den populären palästinensischen Widerstandsdichtern. Wie zahlreiche arabische Intellektuelle in Israel war er Mitglied der israelischen KP, die für eine Gleichberechtigung der Araber in Israel eintrat. Er lebte zunächst in Haifa und dann in Nazarath. Obwohl mehrfach verhaftet und unter Arrest gesetzt, verließ er die israelisch besetzten Gebiete nicht.

Textnachweis: Dīwān Samīḥ al-Qāsim. Beirut (Dār al-ʿaudah) 1987.

Übersetzung: Samih Al Qassim: Je t'aime au gré de la mort. Paris (Minuit) 1988.

Rahbî, Saif ar- (Oman, geb. 1956). Nach längeren Auslandsaufenthalten in Europa und der arabischen Welt, wo er als Lehrer und Journalist arbeitete, lebt ar-Rahbî seit 1993 wieder in Oman und gibt das Kulturmagazin *Nizwâ* heraus, zur Zeit eines der bedeutendsten Publikationsorgane für zeitgenössische Literatur in der arabischen Welt. Ar-Rahbî gilt als der wichtigste omanische Dichter und als eine der vielversprechenden jüngeren Stimmen der zeitgenössischen arabischen Lyrik.

Textnachweis: Saif ar-Raḥbī: Muʿǧam al-ǧahīm. Kairo (Šarqīyāt) 1996; Raǧul min rubʿ al-ḫālī. Beirut (Dār al-ǧadīd) 1993. Mudyā wāḥidah la takfī li-ḏ-ḏabḥ al-ʿusfūr, wa: raʾs al-musāfir. Masqat (Al-maṭbaʿat aš-šarqīyah) 1989.

Rifka, Fuad (Syrien/Libanon, geb. 1930). Als Jugendlicher zog Rifka mit seiner Familie in den Libanon. Die Kindheit im syrischen Dorf inmitten der Natur blieb für ihn prägend. Er studierte an der Amerikanischen Universität in Beirut und ging dann nach Tübingen, wo er 1965 über Heidegger promovierte. Seitdem ist Rifka wichtiger Vermittler deutscher Dichtung ins Arabische und übersetzte u.a. Rilke, Trakl, Goethe und Hölderlin. Er zählt zu den Gründungsmitgliedern der Literaturzeitschrift *Shi'r*. Im Laufe der Zeit hat seine Lyrik eine zunehmende Verknappung der Ausdrucksmittel und zugleich Vereinfachung – Läuterung – erfahren. Sein Altersstil, obwohl der neuen Naivität nahestehend, ist unverwechselbar in der arabischen Lyrik der Gegenwart und entzieht sich der Rubrizierung.

Textnachweis: Fuʿād Rifqah: Sillat aš-šaiḫ darwīš. Beirut (Dār sādir) 1990; Ḫirbat aṣ-ṣūfī. Beirut (Dār Nilsūn) 1998.

Übersetzungen: «Tagebuch eines Holzsammlers. Gedichte. Eisingen (Heiderhoff) 1990; «Gedichte eines Indianers». Eisingen (Heiderhoff) 1994.

Sa'âdah, Wadî (Libanon, geb. 1948). Lebt in Australien und arbeitet als Journalist. In Sa'âdahs Prosadichtung wird die Realität auf groteske Weise verfremdet; man könnte ihn den «Escher» der heutigen arabischen Dichtung nennen. Seine Texte stehen an der Grenze von Lyrik und Kurzgeschichte. Selbst die kurzen Gedichte lassen sich als Miniaturgeschichten lesen, während die längeren für eine Erzählung zu verknappt und konzentriert scheinen, doch die Gattungsfrage gleichwohl aufwerfen. Sa'âdah schreibt sich damit auf spezifische Weise in die für die moderne arabische Lyrik zentrale Problematik des Ich-Zerfalls ein und ist einer der anerkanntesten Autoren seiner Generation.

Textnachweis: Wadīʿ Saʿādah: Muḥāwalah waṣl ḍiffatain bi-ṣaut. Beirut (Dār an-nahār) 1997. Kurzgedicht: Bi-sabab ġaimah ʿalā l-ʾarǧah.

Sâlih, Saniah (Syrien, 1935–1986), studierte englische Literatur an der Universität Damaskus und kam in den fünfziger Jahren mit den

Zirkeln der literarischen Avantgarde in Syrien und Libanon in Berührung. Ihren ersten Gedichtband veröffentlichte sie 1964, drei weitere Gedichtbände und eine kleine Sammlung von Kurzgeschichten folgten. 1986 erlag sie ihrer Krebskrankheit. Saniah Sâlihs Prosadichtung nimmt aufgrund ihrer unromantischen und selbstbewußten Haltung unter den weiblichen Stimmen ihrer Generation eine Sonderstellung ein. Sie ist, wie Adonis einmal formuliert hat, die Sylvia Plath unter den arabischen Dichterinnen.

Textnachweis: Saniyah Ṣāliḥ: Ḏakar al-ward. London (Riad El-Rayyes) 1988.

Sarhân, Salâm (Irak, geb. 1961), lebt in London und arbeitet fürs Fernsehen.

Textnachweis: Salam Sarhan: Fingers of Eternity. In: Banipal, 2, Juni 1998. [Nach einer englischen Übersetzung des Autors].

Sâyigh, Taufîq (Palästina, 1923–1971). Geboren in eine religiöse protestantische Familie, wuchs Sâyigh in Tiberias auf, studierte am renommierten «Arab College» in Jerusalem, dann an der Amerikanischen Universität in Beirut und schließlich in Harvard, Oxford und Cambridge. Er war Lektor für Arabisch in Cambridge und London und wurde drei Jahre vor seinem Tod nach Berkeley berufen, wo er einem Herzinfarkt erlag. Als Herausgeber der Kulturzeitschrift *Hiwâr* («Dialog») in Beirut von 1962–1967 förderte er zahlreiche junge Schriftsteller (u. a. den bekannten sudanesischen Erzähler Tajjib Salich). Bei Taufîq Sâyigh ist bereits Anfang der fünfziger Jahre vieles von dem angelegt, was die arabische Dichtung bis heute bestimmt: Die Rollen des lyrischen Ich zwischen Kleinmut, Selbstwerdung und Revolte finden sich darin ebenso wie die Abrechnung mit der Religion. Reim und Metrum entsagt er ganz. Dennoch zeichnet sich seine Lyrik durch eine sehr bewußte, stilisierte, hochpoetische Sprache aus, deren Ton sich an arabische Bibelübersetzungen anlehnt.

Anmerkung: *Dämon:* Anspielung auf die bekannte Geschichte von dem Fischer und dem Dämon in den Geschichten von 1001 Nacht. Der Dämon heißt dort, wie bei Sâyigh, *Mârid*, und Salomo fordert den Fischer ebenso wie im Gedicht dazu auf, sich die Todesart zu wählen. *Dreimal:* Nach dem islamischen Ehegesetz ist eine Scheidung erst dann unwiderruflich vollzogen, wenn der Ehemann die Frau dreimal oder durch dreimaliges Aussprechen der Scheidungsformel verstößt.

Textnachweis: Taufiq Ṣāyiġ: Al-maǧmūʿat aš-šiʿrīyah. London (Riad El-Rayyes) 1990.

Literatur: Issa J. Boullata: «The Beleaguered Unicorn: A Study of Tawfiq Sayigh». In: Journal of Arabic Literature, 1973.

Sayyâb, Badr Shâkir as- (Irak, 1926–1964). As-Sayyâb ist – wohl aufgrund seines vorzeitigen Tods – der am frühesten kanonisierte Vertreter der *free verse*-Bewegung. Der aus dem Südirak stammende Dichter verlor im Alter von sechs Jahren seine Mutter, eine Verlusterfahrung, die ihn tief prägte und die er häufig in seiner Dichtung thematisierte. Er studierte am English Teachers Training College in Bagdad und gilt (zusammen mit al-Malâ'ika) als der eigentliche Begründer des arabischen *free verse*. As-Sayyâb wurde stark durch die Dichtung T. S. Eliots und Edith Sitwells beeinflußt und hatte enge Kontakte zum Kreis um die Zeitschrift *Shi'r*. Mit Khalîl Hâwî und Adonis ist er der bekannteste Vertreter der sogenannten Tammûz-Dichter. Seit Ende der fünfziger Jahre litt er an Multipler Sklerose. Unter dem Eindruck der Krankheit erhielt seine Dichtung in seinen letzten Lebensjahren zusätzlich zu ihrer politisch-mythologischen Dimension eine bemerkenswerte subjektive Komponente (hier am ehesten in «Der Fluß und der Tod» spürbar) und zeichnet gleichsam die spätere dichterische Entwicklung Amal Dunquls vor, der ebenfalls seine Krankheit thematisierte. Seine Bekanntheit als Lyriker und seine schwankende politische Haltung trieben ihn immer wieder in die Mühlen der Tagespolitik.

Anmerkung: *Buwaib:* Fluß im Heimatdorf des Dichters (Djaikûr). *Und füttern mit Seide:* Sind bis ins Morgengrauen arbeitende Näherinnen gemeint? *Das Lied vom Regen* ist das berühmteste und besterforschte Gedicht der gesamten modernen arabischen Dichtung. Der ersehnte Regen ist das Symbol für die erwartete Revolution.

Textnachweis: Dīwān Badr Šākir as-Sayyāb. Beirut (Dār al-'audah) 1989. Band 1.

Übersetzung: Badr Shakir as-Sayyab: Die Regenhymne und andere Gedichte. Berlin (Das Arabische Buch) 1995.

Literatur: Leslie Tramontini: «Untersuchungen zum poetischen Konzept...» Wiesbaden (Harassowitz) 1991. Stefan Weidner: Badr Shakir as-Sayyab. Leben und Werk. In: Siehe *Übersetzung*.

Schehadé, Georges (Libanon, 1905–1989). Geboren in Alexandria als Sohn libanesisch-orthodoxer Christen, studierte Schehadé Jura in Paris, wo er die Bekanntschaft von Breton, Eluard und Max Jacob machte. Nach seiner Rückkehr nach Libanon arbeitete er als Kulturbeamter in Beirut und siedelte mit Beginn des libanesischen Bürgerkriegs 1975 nach Paris über. Schehadé ist in den fünfziger Jahren vor allem durch seine Theaterstücke bekannt geworden, sein schmales lyrisches Werk galt – trotz der Anerkennung etwa durch Saint-John Perse und René Char – lange als Geheimtip. Dank der Initiative des libanesischen Verlags *Dar An-Nahar* ist das Gesamtwerk Schehadés seit 1998 wieder greifbar. Die Lyrik liegt in einer integralen Übersetzung durch Jürgen Brôcan auf deutsch vor und sucht einen Verleger.

Textnachweis: Le nageur d'un seul amour. Paris (Gallimard) 1985 [übersetzt von Jürgen Brôcan].

Literatur: Zahida Darwiche Jabbour: Études sur la poésie libanaise francophone. Beirut (Dar An-Nahar) 1997.

Shâwûl, Paul (Libanon, geb. 1942), publiziert seit den siebziger Jahren und schreibt eine Art Anti-Dichtung, die das Pathos ironisiert. Er arbeitet in Beirut als Feuilletonchef der Tageszeitung *Al-Mustaqbal*.

Textnachweis: Paul Šāwūl: 'Aurāq al-ġā'ib. Beirut (Dār al-ğadīd) 1992.

Stétié, Salah (Libanon, geb. 1929). Studium an der Beiruter Université de Saint-Joseph und in Paris, wo er sich literarischen Zirkeln anschließt. 1963 schlägt er die diplomatische Laufbahn ein und wird Repräsentant des Libanon bei der Unesco, dann libanesischer Botschafter in den Niederlanden. Lebt in Frankreich. Neben seiner französischsprachigen Dichtung hat Stétié zahlreiche Essays vor allem zur orientalischen Literatur veröffentlicht. Seine vielfach preisgekrönte Lyrik von ganz eigener Rhythmik mäandert zwischen Mystik und Sprachmagie und ist gekennzeichnet durch Deutungsoffenheit und grammatische Reduktion.

Textnachweis: L'autre côté brulé du très pure. Paris (Gallimard) 1992.

Literatur: Nathalie Brillant: Salah Stétié. Une poétique de l'arabesque. Paris (L'Harmattan) 1992.

Tuéni, Nadia (Libanon, 1937–1983). Als Tochter eines drusisch-libanesischen Diplomaten und einer französischen Mutter verbrachte sie ihre Schulzeit in Besançon, Beirut und Athen und nahm an der Beiruter Université de Saint-Joseph das Studium der Rechtswissenschaften auf, bevor sie 1954 den Journalisten Ghassan Tuéni heiratete, den Herausgeber der renommierten Beiruter Tageszeitung *An-Nahār*. Der Tod ihrer siebenjährigen Tochter an Krebs veranlaßte sie zu ihren ersten Gedichten (1963). Ihre hochsensible Lyrik von unverwechselbarem

Ton vereint, ähnlich Schehadé, Elemente von Symbolismus und Surrealismus. 1983 stirbt sie in Beirut an ihrem langjährigen Krebsleiden.
Textnachweis: Les œuvres poétiques complètes. Bd 1. Beirut (Editions Dar an-Nahar) 1993. [Übersetzung in Zusammenarbeit mit Ulrike Burgi]
Literatur: Nelly H. Fakhouri: La quaternité de la parole poétique de Nadia Tuéni. Beirut (Dar An-Nahar) 1998.

Tûqân, Fadwâ (Palästina, geb. 1917), ist die bekannteste palästinensische Dichterin. In der Nachfolge ihres früh verstorbenen Bruders, des Dichters Ibrahîm Tûqân (1905–1944), machte sie Formen und Themen der klassischen Dichtung für die palästinensische Widerstandslyrik fruchtbar und griff auch die Experimente der jüngeren Generation auf. Während das erste, lyrischere Gedicht noch die Nähe zur Neoromantik verrät (Nâzik al-Malâ'ika nahestehend), ist das lange zweite mit seiner Assoziationstechnik und den zahlreichen (hier gekürzten) Anmerkungen der Autorin auch ein Zeugnis arabischer Eliot-Rezeption.
Textnachweis: Fadwā Ṭūqān: Al-'a'māl aš-ši'rīyah al-kāmilah. Beirut (Al-mu'assasah al-'arabīyah) 1993.
Übersetzung: Fadwa Tuqan: A Mountainous Journey, a Difficult Journey: the Life of Palestine's Outstanding Woman Poet. London 1990.
Literatur: Nadja Odeh: Dichtung – Brücke zur Außenwelt. Studien zur Autobiographie Fadwā Ṭūqāns. Berlin (Klaus Schwarz) 1994.

Wâzin, Abdûh (Libanon, geb. 1957), arbeitet als Kulturjournalist im Beiruter Büro der internationalen arabischen Tageszeitung *Al-Hayat*. Schreibt Gedichte und Prosa. Sein Text «Hadîqat al-hawâss» (Der Garten der Sinne) wurde von der libanesischen Zensur wegen Freizügigkeit in der Darstellung von Sexualität verboten.
Textnachweis: Abduh Wāzin: 'Abwāb an-naum. Beirūt (Dār al-ǧadīd) 1996.

Yûsuf, Sa'dî (Irak, geb. 1934), studierte in Bagdad arabische Literatur. Sein politisches Engagement trieb ihn mehrmals ins Exil, bis er Ende der siebziger Jahre den Irak endgültig verließ. Nach längeren Aufenthalten in Syrien und Jordanien lebt er heute in London. Er begann in den fünfziger und sechziger Jahren mit politischer Dichtung, die sich durch ihre einfache und klare Sprache auszeichnete, und wandelte sich seit der zweiten Hälfte der siebziger Jahre zu einem der schulbildenden Vertreter der den Phänomenen des Alltags aufgeschlossenen, durch ungekünsteltes Vokabular sich auszeichnenden Lyrik. Singulär ist seine dichterische Auslotung von Natur und Tierwelt. Nach wie vor ist Sa'dî Yûsuf jedoch auch politisch aktiv.

Anmerkungen: *Das neue Bagdad: Sie:* die Stadt Bagdad; *Stromausfall:* Das Datum am Ende des Gedichts spielt auf die israelische Belagerung Beiruts im Sommer 1982 an, das folgende Gedicht «Aufbruch '82» auf den durch die Belagerung erzwungenen Abzug der PLO-Kämpfer (und ihrer Sympathisanten).

Textnachweis: Dīwān Saʿdī Yūsuf: Beirut (Dār al-ʿaudah) 1988. Band 1 und 2; Ḫānat al-qird al-mufakkir. Beirut (Dār an-nahār) 1997.

Zrika, Abdallah (Marokko, geb. 1953), wuchs in einem der Armenviertel von Casablanca auf; seine Dichtung zeugt davon, indem sie formal, im Vokabular und ihrem Selbstverständnis nach mit dem herrschenden Konzept von Dichtung als Hochkultur bricht. Bereits 1978 kam Zrika wegen der ‹Unmoral› seiner Lyrik für zwei Jahre ins Gefängnis. Seine Poesie ist unprogrammatisches, regelloses und assoziatives lyrisches Sprechen, das an Spontaneität in der (hoch-)arabischen Literatur der Gegenwart unübertroffen ist.

Textnachweis: Abdallah Zrika: Bougies noires. Paris (La Différence) 1998 [arabisch und französisch; Übersetzung aus dem Arabischen].

Übersetzung: Siehe *Textnachweis*.